연세 한국어

읽기 5

연세대학교 한국어학당 편

연세대학교 대학출판문화원

연세 한국어 읽기 5

편저자 연세대학교 한국어학당 교재편찬위원회
집필진 황인교·김지희·김수진·윤정화·김태연
펴낸곳 연세대학교 대학출판문화원

주소 서울시 서대문구 연세로 50
전화 2123-3380~2
팩스 2123-8673
ysup@yonsei.ac.kr
http://www.yonsei.ac.kr/press
등록 1955년 10월 13일 제9-60호
인쇄 (주)네오프린텍
삽화 디투웍스
녹음 MS미디어
성우 윤미나 · 전광주

2010년 10월 22일 1판 1쇄 2021년 4월 9일 1판 10쇄

ISBN 978-89-7141-933-5 (08710)

값 19,000원 (CD 포함)

머리말

국내 최고의 명성으로 한국어 교육 50년의 전통을 이어 온 연세대학교 언어연구교육원 한국어학당에서는 한국어 교육의 질을 높이기 위해 그동안 많은 교재를 편찬해 왔다. 그리고 최근 한국과 한국 문화에 대한 세계인들의 관심이 높아지고 한국어를 배우고자 하는 해외 동포와 외국인이 늘면서 한국어 교재에 대한 학습자들의 요구가 다양해짐에 따라 다양한 학습자들을 대상으로 한국어와 한국문화를 교육할 수 있는 새로운 교재인 '연세 한국어' 1~6과 '연세 한국어 활용연습' 1~6을 출간한 바 있다.

이번에 연세대학교 언어연구교육원 한국어학당에서 출간하는 '연세 한국어 읽기 5'는 한국어 고급 학습자를 위한 읽기 교재로서 고급 수준의 다양한 장르의 텍스트 독해 능력은 물론 다양한 주제의 글을 읽게 함으로써 전문 분야 관련 어휘력을 향상하고 전문적인 주제에 관한 사고력도 넓힐 수 있도록 하였다. 특히 다양한 주제에 관한 심도 있는 사고 작용을 통해 비판적 읽기가 가능하도록 하였다.

'연세 한국어 읽기 5'는 특히 글의 선정에 많은 노력을 기울였다. 한국어 텍스트의 전형적인 특성을 갖추고 있으면서 다양한 주제를 응집력 있게 표현한 글로서 문체와 구성에 있어서 모범적 사례가 될 수 있는 글을 선정하였다. 그리고 학습자의 흥미와 재미를 고려하여 되도록 이면 최근의 글, 한국인들에게 사랑 받는 저자의 글을 선정하였다.

'연세 한국어 읽기 5'가 연세대학교 언어연구교육원 한국어학당에서 공부하는 학생들뿐만 아니라 한국어를 정확하게 이해하고 구사하려는 모든 한국어 고급 학습자들에게 도움이 되기를 바란다.

연세대학교 언어연구교육원
한국어학당 교재편찬위원회

일러두기

- '연세 한국어 읽기 5'는 총 10개의 단원으로 이루어져 있고, 뒤에 모범 답안, 어휘 색인, 원저 출전이 학습자를 위한 자료로서 붙어 있다. 각 단원의 글은 수필, 설명문, 기행문, 비평문, 시, 소설 등 고급 학습자들이 많이 접할 수 있으며 접해야 하는 다양한 장르의 글을 선정하였다.

- 10개의 각 단원은 도입 그림과 질문, 본문, 어휘, 어휘 연습, 내용 이해, 이야기해 봅시다/써 봅시다, 더 읽어보기로 되어 있다.

- 도입 그림과 질문은 읽기 전 단계로서, 학습자가 읽을 내용과 관련된 그림 혹은 사진을 보며 배경 지식을 활용하여 글 읽기에 자발적으로 참여하도록 하였다.

- 본문은 각 텍스트 유형의 특성을 살린 글들을 선정하였다 그리고 원저자의 문체 등이 드러날 수 있도록 원전을 그대로 싣는 것을 원칙으로 하여 수정을 최소화하고 그 대신에 내용이 지나치게 어렵거나 방대하다 판단이 되는 경우에는 그 부분을 생략하고 본문에 '중략'으로 표시하여 관심이 있는 학습자 스스로 직접 원전을 찾아 읽을 수 있도록 하였다. 그리고 본문의 마지막에는 '글쓴이 소개'를 두어, 글의 저자를 소개함으로써 본문 이해에 도움이 되도록 하였다.

- '어휘'는 본문 아래에 한국어로 그 의미를 풀어서 설명하여 고급 학습자들이 그 의미를 쉽게 이해할 수 있도록 하였다. 본문 다음에 어휘 연습이 있어 학습자들의 어휘력을 신장시킬 수 있게 하였다. 어휘 연습은 세 단계로 구성되는데, 1단계는 주제 관련 어휘를 연습하고, 2단계에서는 본문에 사용된 주요 어휘를 연습하고, 3단계는 본문에 사용된 관용구 혹은 속담 등을 연습하여 어휘를 확장할 수 있도록 구성하였다.

- '내용 이해'는 학습자들이 읽은 내용을 확인할 수 있도록 3단계로 이루어져 있다. 1단계는 글의 전체적인 주제나 글쓴이의 의도와 글의 종류 등을 질문함으로써 학습자들이 본문의 특성을 제대로 이해하도록 도왔으며, 2단계는 본문의 구조와 짜임에 대한 질문을 통해 본문의 내용을 개요표로 정리해 보도록 하였다. 3단계는 본문의 세부적인 내용에 대한 것으로, 글의 구체적인 내용을 정확하게 이해했는지 확인하는 문제로 구성하였다.

- '이야기해 봅시다/써 봅시다'는 읽은 후 활동으로서, 읽고 이해하는 것에서 나아가 말하기나 쓰기와 같은 다양한 생산적 언어활동이 가능한 활동으로 구성하였다. 이를 위해 본문 주제와 관련된 자료를 제시하고, 유사한 주제에 관한 토론을 통해서 말하기 능력을 향상시키거나, 논설문, 기행문, 수필 등 각 장르의 특성을 이해하고, 각 장르에 맞는 글쓰기를 수행할 수 있도록 하였다.

- '더 읽어보기'는 본문과 동일한 텍스트 유형의 유사한 주제를 다룬 글을 통해 학습자가 스스로 심화학습을 할 수 있도록 구성하였다. 수업활동 이외에 학습자들의 개별학습을 위한 보조 자료로 활용될 수 있도록 유사한 난이도의 글을 선정하였으며, 마지막에 내용 이해를 묻는 질문을 수록하여 학습자들이 내용을 이해하는 데 도움이 되도록 하였다.

- 정답에는 '어휘 연습'과 '내용 이해'에 관한 모든 문제의 답을 제시하여 학습자 혼자 공부하는 데 도움이 되도록 하였다.

- 어휘 색인에서는 각 단원에서 다루어진 주요 어휘를 각각 가나다 순으로 정리하여 각 어휘가 제시되었던 쪽수와 함께 제시하였다.

- 출전에서는 본문과 이야기해 봅시다/써 봅시다, 더 읽어보기 등 '연세 한국어 읽기 5'에 제시된 모든 원저의 출전과 쪽수를 밝힘으로써 심화학습을 원하는 학습자들이 스스로 원전을 찾아 읽는 데 도움이 되도록 하였다.

차례

내용 구성

과	구분	제목	지은이	텍스트	학습 목표	내용
1. 책 읽기의 즐거움	본문	사전을 찾아가며 읽는 즐거움	이순원	수필	독서의 경험을 다룬 수필을 읽고 글쓴이의 경험을 이해하고 공감할 수 있다	사전을 찾아가며 책을 읽게 된 경험
	더 읽어 보기	정독의 시간	하성란			잘못된 속독의 습관으로 인한 오독
2. 생활 속의 과학	본문	머피의 법칙	정재승	수필	일상생활에서 만나는 과학적 법칙에 대한 수필을 읽고 과학적 원리를 이해할 수 있다	머피의 법칙에 대한 잘못된 인식
	더 읽어 보기	누구든 천재처럼 될 수 있다	이인식			천재의 정의에 대한 재해석
3. 경제와 삶	본문	지름신의 시대	안치용	논리적인 글	논리적인 글의 특성을 이해하고 각 단락의 요점을 정리하고, 글쓴이의 주장을 파악할 수 있다.	현대인들의 무분별한 소비 태도
	더 읽어 보기	돈보다 더 중요한 것이 있다	이준구			경제 사회에서 돈보다 중요한 것
4. 길에서 만나는 역사	본문	카이로	이희수	기행문	기행문을 읽고 여행의 여정과 심리적 표현에 대해 이해할 수 있다.	이집트 문명의 요람인 카이로 기행
	더 읽어 보기	어리석은 자의 우직함이 세상을 조금씩 바꿔 갑니다	신영복			온달 산성 기행
5. 문화의 차이	본문	시선의 차이	진중권	문화적 비평문	문화를 비평하는 글을 읽고 글의 요점을 파악하고, 글쓴이의 의도를 파악할 수 있다	동서양의 동일 행동에 대한 인식의 차이
	더 읽어 보기	한국인의 관계 맺기	한규석, 최상진			한국 사람들의 관계 맺기의 양상
6. 언어와 소통	본문	남자의 말, 여자의 말	장소원, 남윤진, 이홍식, 이윤경	설명하는 글	설명하는 글의 특성을 이해하고 각 단락의 요점을 정리하고, 글의 핵심 내용을 요약할 수 있다	남녀 간에 사용하는 말과 대화의 양상
	더 읽어 보기	관심과 애정이 담긴 질문이 소통을 살린다	하지현			소통을 원활하게 하는 질문과 대답
7. 생각을 나누는 대화	본문	이기적 유전자를 넘어	최재천, 도정일	대담	대담의 일부를 읽고 전체 대담의 흐름을 유추하며 대담의 요지를 이해할 수 있다.	분야가 다른 두 학자 간의 대담
	더 읽어 보기	기쁨은 내 안에 있는 것	최인호, 법정			일상의 행복에 대한 대담
8. 시대 속의 인물	본문	동주 형의 추억	문익환	수필	인물에 대한 글을 읽고 글의 전개와 표현 방식을 파악하여 인물에 대한 글을 쓸 수 있다.	윤동주에 대한 추억
	더 읽어 보기	가슴은 한국에, 시야는 세계에	반기문			유엔 사무총장의 연설
9. 시와 노래	본문	국화 옆에서	서정주	시, 노래	한국의 현대시와 노랫말을 읽고 시와 노래의 특성을 파악하고 심상과 표현에 대해 이해할 수 있다.	삶의 역정을 통과한 성숙
		귀천	천상병			삶과 죽음의 의미
		즐거운 편지	황동규			간절한 사랑
		광화문 연가	이영훈			추억의 거리
		거위의 꿈	이적			현실의 난관을 뛰어넘는 꿈
10. 소설 읽기와 치유하기	본문	풍선을 샀어	조경란	소설	현대 소설의 일부를 읽고 전체 이야기를 유추할 수 있고, 문학의 역할에 대해 이해하고 자아에 대한 성찰적 사유를 수행할 수 있다	정신적 고통과 불안의 치유

제1과 책 읽기의 즐거움

1. 다음은 책을 읽는 방법에 관한 명언입니다. 여러분은 어떻게 생각합니까?

- 어떤 책은 맛만 볼 것이고, 어떤 책은 통째로 삼켜버릴 것이며, 또 어떤 책은 씹어서 소화시켜야 할 것이다. - 프랜시스 베이컨 -
- 좋은 책을 처음 읽을 때는 새 벗을 얻는 것과 같고, 전에 정독한 책을 다시 읽을 때에는 옛 친구를 만나는 것과 같다. - 아담 스미스 -

2. 여러분은 글을 읽다가 모르는 단어가 나오면 어떻게 합니까?

CD: 01

사전을 찾아가며 읽는 즐거움

이순원

중학교 1학년 때의 일이다. 대관령[1] 아래 산촌에서 자라 강릉 시내의 중학교에 막 입학했을 때, 내 키는 반에서 둘째로 작았다. 그러나 꿈만은 야무져서 어떤 식으로든 선생님이나 급우들한테 내 자신의 존재를 알리려 애썼다. '키가 작고, 시골에서 왔다고 만만히 보지 마라.'하는 생각으로 뭔가 크게 한번 잘난 척을 해 보고 싶은데 좀처럼 기회가 오지 않는 것이었다.

그러던 어느 날, 국어 시간에 드디어 그 기회가 왔다. 옛날 교육과 요즘 교육의 차이점을 설명하시던 선생님께서 갑자기 우리를 향해 물으셨다.

"그런데 이 반에는 문교부[2] 장관[3]이 누구인지 아는 사람이 있나?"

솔직히 어른이 된 지금도 그것을 모르고 살 때가 많은데, 이제 갓 중학교에 들어간 놈들이 그걸 알 턱이 없었다. 모두들 꿀 먹은 벙어리처럼 선생님의 얼굴만 쳐다보자, 선생님이 국어책을 이리저리 살피며 혼잣소리로 말씀하시는 것이었다.

"너희들이 배우는 책엔 장관 이름이 안 나오나?"

저 혼자만 약고 똑똑한 줄 알았던 나는 그 말을 선생님께서 우리에게 던지시는 힌트로 알아듣고는 선생님을 따라 국어책의 맨 뒷장을 펼쳐 보았다. 펴낸이만 '문교부'로 나와 있을 뿐, 장관의 이름은 나와 있지 않았다. "그렇다면 다른 책엔 혹시?"하는 마음으로 나는 얼른 가방 속을 뒤져 다른 책을 꺼냈다. 그 책은 다음 시간에 배울 과학책이었는데, 거기에 바로 장관 이름이 나와 있는 것이었다. 겉장 제일 꼭대기 오른쪽에 '문교부 장관 검정필'하고.

'검'씨라는 성이 조금 이상하긴 했지만, 우리 반에도 '감'씨와 '견'씨 성을 가진 아이가 있는데 '검'씨라는 성은 또 왜 없으랴 싶었다. 나는 기운차게 손을 들고 대답했다.

"네. 우리나라 문교부 장관의 이름은 검정필입니다."

"검정필?"

---

1) 대관령 : 강원도 강릉시와 평창군의 경계에 있는 고개.

2) 문교부 : '교육과학기술부'의 옛날 이름.

3) 장관 : 국무를 나누어 맡아 처리하는 행정 각부의 우두머리.

"네. 여기에 나와 있습니다."

의기양양하게[4] 책까지 들어 보이자, 아이들은 '역시'하는 얼굴로 나를 바라보거나 내가 꺼낸 책을 찾기 위해 성급하게 가방을 뒤졌고, 선생님께서는 그 자리에서 포복절도하셨다.[5] 선생님께서 왜 웃으시는지 나도 몰랐고, 아이들도 몰랐다.

"으허 으허, 그건 문교부 장관의 이름이 아니라 그 책이 문교부의 검정[6]을 받았다는 뜻이다. 으허, 살다가 이렇게 배꼽 빠지게 웃는 날도, 으허, 있네."

그제서야 반 아이들도 '와!'하고 책상을 치며 웃었다. 아이들 앞에서 잘난 척 한번 해 보려다가 '문교부 장관 검정필'[7]이라는 엉뚱한 별명만 얻은 것이다.

그 날 나는 집으로 돌아와 중학생이 된 다음 처음으로 국어사전을 뒤져 '검정필'을 찾아보았다. '검정필'은 나와 있지 않고 '검정'과 '검정 교과서'에 대한 설명이 나와 있었다. 덕분에 '문교부 장관 검정필'이라는 벼슬만 높지 명예와는 거리가 먼 별명을 얻기는 했었다. 그리고 그 때부터 나는 조금이라도 그 뜻에 의문이 생기는 말이 있으면 버릇처럼 사전을 찾아보곤 했다.

〈중략〉

나는 사전을 자주 이용한다. 그러나 꼭 소설가라는 직업 때문에 자주 사전을 뒤져 보는 것은 아니다. 아주 오래 전 중1 시절의 '검정필' 사건 이후에 생긴 버릇이긴 하지만, 새로운 말과 새로운 지식을 찾아 읽는 즐거움은 무엇에도 비할 수가 없다. 그것은 미지의 세계로 여행을 떠나는 것만큼 가슴 설레고 즐거운 일이다.

그리고 '구슬이 서 말이라도 꿰어야 보배'[8]라는 말처럼 사전이 아무리 가까이 있다 한들 그것을 찾아보지 않으면 사전 속의 지식은 남의 머릿속에 든 지식일 뿐이다. 아무리 크고 마르지 않는 샘물이라 할지라도 그 샘물을 먹지 않고 바라보기만 한다면 목을 축일 수가 있겠는가? 목동이 말을 물가까지 끌고 갈 수는 있으나 그 물가에서 목을 축이는 일은 말 스스로가 해야 하는 법이다.

---

4) 의기양양하다 : 바라던 대로 되어 기상이 씩씩하고 아주 자랑스럽게 행동하다.

5) 포복절도하다 : 몹시 웃다. 아주 우스워하다.

6) 검정 : 자격을 검사하여 인정하는 일.

7) 검정필 : 검정을 마침.

8) 구슬이 서 말이라도 꿰어야 보배 : 아무리 훌륭하고 좋은 것이라도 다듬고 정리하여 쓸모 있게 만들어 놓아야 값어치가 있다.

사전을 찾아보는 일 역시 그러하다. 우리 주변에 아무리 많은 사전이 있다 한들 그것을 들추어 보는 수고를 아낀다면, 아무리 귀중한 지식이라 할지라도 나의 것이 될 수 없다. 사전 안의 지식도 한 번 두 번 그것을 찾아 읽는 가운데 내 머릿속의 지식으로 들어오는 것이다. 지금 다들 사전을 열어 '계륵'[9]이란 낱말을 한번 찾아보라. 어떤 말과 그 말이 나오게 된 유래까지 읽고 났을 때 '아, 바로 이런 것이 사전을 찾아 읽는 재미구나!'하고 깨닫게 될 것이다.

모든 일이 다 그러하지만, 책을 읽으며 사전을 찾아보는 일 역시 습관이 중요하다. 그리고 그런 습관이야말로 우리 인류가 이제까지 쌓아 온 '지식의 보고' 안으로 들어가 그 속을 살펴보는 열쇠인 것이다. 그 열쇠만 가지고 있다면 예전의 누구처럼 "네, 우리나라 문교부 장관의 이름은 검정필입니다."하는 망신은 당하지 않을 것이다.

9) 계륵 : 닭의 갈비라는 뜻으로, 그다지 큰 소용은 없으나 버리기에는 아까운 것을 이르는 말.

• 글쓴이 소개

이순원(1957년~)

강원 강릉 출생, 강원대 경영학과 졸업. 소설가. 1988년 문학사상에 '낮달'이 당선되어 등단했다. 이순원은 한국전쟁과 같은 사회문제를 새로운 이야기 전개 기법을 사용하여 다루고 있다. 또 그가 작품 속에서 그리고 있는 인물은 겉으로 보기에는 약한 듯 하지만 그 내부에 의지와 용기, 그리고 지혜를 감추고 있는 인간이다. 1996년 「수색, 그 물빛 무늬」로 동인문학상 수상, 1997년 「은비령」으로 이상문학상을 수상했다. 그 외 주요작품으로는 「그 여름의 꽃게」, 「압구정동엔 비상구가 없다」, 「말을 찾아서」, 「그대, 정동진에 가면」 등이 있다.

어휘 연습

1. 다음 단어의 의미를 골라 연결하십시오.

1) 급우 •	• 사물이나 일이 생겨남
2) 펴낸이 •	• 책이나 잡지를 발행한 사람
3) 명예 •	• 귀중한 물건을 보관해 두는 창고
4) 유래 •	• 같은 학급에서 함께 공부하는 친구
5) 보고 •	• 세상에서 훌륭하다고 인정되는 이름이나 자랑

2. 빈칸에 공통으로 들어갈 단어를 쓰십시오.

야무지다	만만하다	성급하다	들추어 보다	망신을 당하다

1) ㄱ. 횡단보도는 ....게 건너면 안 된다.
   ㄴ. ....게 일을 처리하다가 오히려 실수할 때가 있다.

2) ㄱ. 그 사람은 일을 ....게 하기 때문에 안심하고 일을 맡길 수 있어.
   ㄴ. 친구 딸은 똑똑하고 ....어서/아서/여서 객지에서도 혼자 잘 살 것 같다.

3) ㄱ. 사람들 앞에서 잘난 척을 했다가 도리어 ....었다/았다/였다.
   ㄴ. ....기 전에 솔직하게 말하는 것이 좋을 것이다.

4) ㄱ. 다음 경기에서 싸우게 될 팀도 ....은/는/ㄴ 상대가 아니어서 마음을 놓을 수 없다.
   ㄴ. 이 일이 ....어/아/여 보이지만 보기와 달리 쉽지 않다.

5) ㄱ. 책을 읽을 때 사전을 ....은/는/ㄴ 습관은 매우 유용하다.
   ㄴ. 일자리를 구하려고 신문을 ....었/았/였지만 마음에 드는 곳이 없었다.

3. 다음 문제를 보고 답을 쓰십시오.

1) 보기와 같이 연결하고 알맞은 단어를 골라 빈칸에 쓰십시오.

갓	• 들어가다 →	갓 들어가다
	• 굽다 →	
	• 낳다 →	
	• 졸업하다 →	

맨	• 뒷장 →	맨 뒷장
	• 위, 아래, 앞 →	
	• 끝 →	
	• 먼저, 나중 →	

❶ (   )는/은/ㄴ 빵 냄새에 군침이 돌았다.

❷ 이번 신입 사원 중에는 대학을 (   )은/ㄴ 사람이 많다.

❸ 우리 회사에서 (   ) 출근하는 사람은 사장님이다.

2) 다음 표현의 의미를 골라 연결하고 문장을 완성하십시오.

꿀 먹은 벙어리 •	• 현 상태로는 무용지물이다
구슬이 서 말이라도 꿰어야 보배 •	• 말을 하지 않는다

❶ 아무리 좋은 생각이 많아도 .... 라고 작품으로 나타나지 않는다면 소용이 없을 것이다.

❷ 몇 명의 직원을 명예퇴직 시키자고 하자 모두가 .... 이/가 되었다.

3) 다음 가운데 관계가 있는 것을 모두 골라 쓰십시오.

기운차다	배꼽 빠지게 웃다	당당하다
자신 있다	큰 소리를 내다	깔깔대다

의기양양하다 ....

포복절도하다 ....

내용 이해

1. 글쓴이가 이 글을 쓴 이유는 무엇입니까? (　　)

❶ 국어사전의 필요성을 주장하기 위해서

❷ 어린 시절의 실수한 경험을 소개하기 위해서

❸ 사전을 찾으며 읽는 어려움을 호소하기 위해서

❹ 사전 찾기의 중요성을 이야기하기 위해서

2. 다음은 이 글의 짜임을 정리한 것입니다. 빈칸에 알맞은 말을 넣으십시오.

처음
- 중학교 1학년 때

산촌에서 자라 시내 중학교에 입학했을 때 키가 작았다.

그러나 ....

중간
- 국어시간에

선생님이 ....냐고 물으셨다.

나는 ....이라고 대답했다.

선생님께서 웃으시며 ....이라고 이야기하셨다.

나는 ....이라는 별명을 얻었다.

그 후로 국어사전을 찾아보는 습관이 생겼다.

끝
- 나는 사전을 자주 이용한다.

사전을 찾는 일은 ....

사전이 있어도 사전을 찾아보지 않으면 ....

책을 읽으며 사전을 찾아보는 일은 ....

3. 다음을 읽고 맞으면 O표, 틀리면 X표 하십시오.

1) 글쓴이는 조용하고 소심한 아이였다. (　　)

2) 글쓴이는 검정필이 사람 이름이라고 생각했다. (　　)

3) 글쓴이는 소설가이기 때문에 사전을 자주 찾는다. (　　)

써 봅시다

1. 책 읽기에 관한 여러분의 경험을 글로 써 봅시다. 다음과 같이 글의 짜임새를 완성해 보십시오.

제목 : 예) 책을 읽는 즐거움

처음
- 초등학교 시절

  책 읽기를 좋아해서 동화책, 위인 전기, 세계 문학 등을 많이 읽었다.

중간
- 중, 고등학교 시절

  공부에 대한 압박으로 책을 읽을 시간이 부족했고 책을 읽을 때 빠른 속도로 읽게 되어 그 때부터 건성으로 읽는 습관이 생겼다
- 대학교 입학 후 학회 가입

  학회에서의 책 읽기는 남에게 아는 척하기 위한 책 읽기였다.

끝
- 학회 탈퇴 후 현재

  책 읽기가 즐거워졌고 많은 책을 자유롭고 깊이 있게 읽고 싶다.

제목 : ....

처음
- ....

  ....

중간
- ....

  ....
- ....

  ....

끝
- ....

  ....

2. 위의 짜임새를 바탕으로 자신의 경험을 써 보십시오.

더 읽어보기

정독의 시간

하성란

연말 즈음, 한 출판사에서 보내준 탁상 달력을 들춰보다가 밑에 쓰인 정가 9,500원이라는 글씨를 보고 너무 비싸다는 생각을 했다. 며칠 뒤 마침 그 출판사의 사장님을 만났기에 탁상 달력 가격이 너무 비싼 것 아니냐고 말을 건넸다. 사장님은 한 번에 말을 알아듣지 못했다. 그러더니 어이가 없는 듯 웃었다. 그 탁상 달력은 책을 사면 딸려오는 사은품이었고 책의 정가가 9,500원이었던 것이다. 돌아와서 다시 달력을 살펴보니 정가 앞에 내가 한 번도 읽지 않았던 글귀가 적혀 있었다.

'책을 사면 달력을 드립니다.'

나는 내 멋대로 글자들을 바꿔 읽을 뿐만 아니라 건성건성 글자들을 대하고 있었던 것이다. 그런 습관은 짧은 시간에 되도록 많은 책을 읽으려는 욕심에서 시작되었을 것이다. 그러다 보니 읽은 책은 많았어도 의미를 되새길 시간은 아예 갖지 않았을 수도 있었을 것이다. 순간 먹어도 먹어도 배부르지 않는 뻥튀기가 떠올랐다. 와삭, 와사삭. 뻥튀기 먹듯 책을 읽고 있는 내 모습도 그려졌다. 뻥튀기 가루처럼 책에서 떨어진 활자들이 내 옷에 떨어진다.

『연애소설 읽는 노인』에서 안토니오 호세 볼리바르는 연애소설을 읽는다. 그에게 연애소설을 읽는 시간이란 세상의 야만성을 잊게 해주는 시간이다. 노인은 떠듬떠듬 천천히 책을 읽는다. '뜨거운 키스'라는 글귀에서 주춤거린다. 대체 뜨거운 키스란 무엇일까, 어떻게 해야 키스를 뜨겁게 할 수 있는 것일까. 그는 한 번도 그의 아내와 뜨거운 키스란 것을 해 본 적이 없다. 그리고 책에 쓰인 '곤돌라'라는 것도 본 적이 없다. 노인과 더불어 맹수 사냥에 나선 수색대의 사내들은 곤돌라와 곤돌라를 움직이는 사공, 그리고 뜨거운 키스에 대해 장장 두 시간 동안 대화를 나눈다.

텔레비전에서 책을 빨리 읽는 소년을 보았다. 해맑은 얼굴에 두 눈빛 또한 잘 닦인 창처럼 반짝였다. 그 프로그램의 담당자는 소년을 서점으로 데리고 간다. 시간을 정한 뒤에 그 시간 동안 얼마나 많은 책을 읽는지 시간을 잰다. 얼핏 보기에 책을 읽는 것이 아니라 소년은 그냥 장난스럽게 책장을 넘기는 듯하다. 정한 시간이 지난 뒤에 소년 앞에는 책이 수북이 쌓였다.

어릴 적 잠깐 속독이 유행했다. 시선을 대각선으로 움직이면서 한 줄의 문장을 한 번에 '읽는' 것이 아니라 '보는' 것이다. 어린 나도 그 유행에 잠깐 휩쓸렸다. 혹시 그때 잘못 배운 속독의 습관이 남아있는 것은 아닐까. 그 동안 나는 얼마나 많은 문장을 오독했을까.

연초 계획은 책꽂이에 꽂힌 책들을 다시 읽는 것으로 정했다. 어느 어른에게서 월급의 십일조만큼 책을 사라는 충고를 듣고 실행에 옮긴 적이 있었다. 그 책들 중 대부분은 책장도 들춰보지 않은 채로 누렇게 색이 바랬다. 그 책들부터 읽어나갈 것이다. 천천히 조금씩 조급해하지 않으면서 한 문장 한 문장 읽어나갈 계획이다. 다시 정독의 시간이다.

1. 글쓴이는 속독에 대해 어떻게 생각합니까?

2. 글쓴이의 새해 계획은 무엇입니까?

제2과 생활 속의 과학

1. 여러분도 다음과 같은 경험을 해 본 적이 있습니까?

- 큰마음 먹고 세차를 하면 꼭 비가 온다.
- 미팅에 나가 '저 사람만 안 걸렸으면'하는 사람이 꼭 짝이 된다.
- 선생님이 내가 아는 것은 안 묻고 모르는 것만 질문한다.
- 내가 공부한 게 시험에 나온다.
- 지하철을 탔는데 내 앞에 앉아 있던 사람이 내가 타자마자 내린다.
- 경품 행사에 응모했는데 당첨된다.

2. 다음 단어를 사용하여 여러분의 경험을 이야기해 봅시다.

- 하필이면 — 마침
- 재수가 없다 — 운이 좋다
- 일이 잘못되다 — 일이 잘 풀리다

CD: 02

머피의 법칙
일상생활 속의 법칙, 과학으로 증명하다

정재승

살다보면 되는 일도 있고 안 되는 일도 있다지만, 곰곰이 따져보면 안 되는 일이 더 많다. 슈퍼마켓에서 줄을 서면 꼭 다른 줄이 먼저 줄어들고, 중요한 미팅날엔 옷에 커피를 쏟거나, 버스를 놓쳐 지각하기 일쑤다. 소풍날이면 어김없이 봄비가 내리고, 수능 시험[1]을 보는 날엔 해마다 한파[2]가 몰아친다. "하필이면 그때…" 혹은 "일이 안 되려니까…" 같은 말들을 우리는 얼마나 자주 사용하는가! 그럴 때마다 생각나는 법칙이 있으니 이름하여 '머피의 법칙(Murphy's law)'. 수많은 구체적인 항목들로 이루어진 머피의 법칙을 한마디로 요약하자면 '잘될 수도 있고 잘못될 수도 있는 일은 반드시 잘못된다'는 것이다. 세상이 우리에게 얼마나 가혹한지[3] 정리해 놓은 이 법칙은 불행하게도 중요한 순간엔 어김없이 들어맞는다. 나는 왜 이렇게 재수가 없는 걸까 하고 낙담마시라. 다른 사람들도 당신만큼 재수가 없으니까.

머피의 법칙에 대해 과학자들은 그동안 별다른 관심을 보이지 않았다. 그들은 머피의 법칙은 단지 우스갯소리[4]일 뿐, 종종 들어맞는다는 사실조차 우연이나 착각으로 여겨왔다. 머피의 법칙을 반박할 때 그들이 즐겨 사용하는 용어는 '선택적 기억'이라는 것이다. 우리들의 일상은 갖가지 사건과 경험들로 가득 채워져 있지만, 대부분 스쳐 지나가는 경험으로 일일이 기억의 형태로 머릿속에 남진 않는다. 그러나 공교롭게도[5] 일이 잘 안 풀린 경우나 아주 재수가 없다고 느끼는 일들은 아주 또렷하

> 2009.11.16
>
> **올해도 수능한파 … 대부분 영하권**
>
> 2010학년도 대학수학능력시험이 실시되는 16일 중부지방 아침 최저기온이 대부분 영하로 떨어져 '수능 한파'가 기승을 부릴 것으로 보인다.
>
> 기상청은 15일 "낮부터 기압골이 물러가고 찬 대륙성 고기압이 확장하면서 기온이 떨어진다"면서 "중부지방은 오전 한때 비나 눈이 오고, 남부지방은 오전 한때 비가 오는 곳이 있겠다"고 밝혔다.
>
> 16일 아침 기온은 ■서울 영하 2도 ■춘천 영하 4도 ■대전 영하 1도 ■인천 영하 1도 ■수원 영하 3도 ■광주 3도 ■울산 2도 ■부산 5도 등이 되겠다.
>
> 기상청은 "15일 강하게 불던 바람이 수능일엔 잦아들어 체감온도는 그리 떨어지지 않을 것"이라면서도 "기온이 영하임을 감안해 수험생들은 옷을 든든히 입고 시험장에 갈 것"을 당부했다.
>
> 홍길동 기자 yonsei@news.co.kr

1) 수능 시험 : 대학수학능력시험, 1994년부터 실시된 대학입학 시험.

2) 한파 : 겨울철에 갑자기 기온이 내려가는 현상. 갑자기 닥치는 매서운 추위.

3) 가혹하다 : 말이나 행동이 몹시 모질고 혹독하다.

4) 우스갯소리 : 남을 웃기려고 하는 말.

5) 공교롭게도 : 뜻밖의 우연한 일이어서 이상하고 놀랍게도.

게 기억에 남는다. 결국 시간이 지나고 나면 머릿속엔 재수가 없었던 기억들이 상대적으로 많아진다는 것이다. 소풍 때마다 비가 오고 수능시험날이면 어김없이 추위가 기승[6]을 부리는 것도 이상한 일이 아니다. 봄비가 한창인 4월 무렵에 소풍날을 잡고, 안 추우면 이상한 12월 중순에 수능시험 날짜를 정해 놓고, 비가 안 오고 날씨가 따뜻하기를 바라는 심보[7]는 또 뭔가!

그러나 이 정도 설명으로는 어째선지 만족할 수 없다. '왜 하필이면'을 연발케 하는 재수 더럽게 없는 사건들이 과연 모두 '선택적 기억'이라는 우리들의 착각일까? 초등학교 6년 동안 한 해도 거르지 않고, 전날까지 멀쩡하던[8] 날씨가 어떻게 소풍 당일이면 어김없이 비가 올 수 있을까? 오죽하면 내가 다니던 학교에선 귀신 소문까지 돌았을까. 아무래도 뭔가가 있는 것 같은데 말이다.

이런 우리의 찜찜한[9] 기분을 시원하게 긁어준 과학자가 있다. 신문 칼럼니스트이자 영국 애쉬톤 대학 정보공학과에서 방문 연구원으로 일하고 있는 로버트 매튜스는 선택적 기억만으로는 설명하기 어려운, 머피의 법칙이 그토록 잘 들어맞는 이유를 과학적으로 하나씩 증명해서 화제가 되고 있다.

그가 처음 증명했던 머피의 법칙은 '버터 바른 토스트'에 관한 것이었다. 아침에 출근 준비로 부산[10]을 떨며 토스트에 버터를 발라 허둥대며[11] 먹다보면 빵을 떨어뜨리기가 쉽다. 그런데 공교로운 것은 하필이면 버터나 잼을 바른 쪽이 꼭 바닥으로 떨어진다는 사실이다. 그러면 그 빵을 다시 주워 먹기도 곤란할 뿐더러 바쁜 와중에 바닥도 닦아야 하는 골칫거리[12]가 생긴다. 젠장할![13]

1991년 영국 BBC방송의 유명한 과학 프로그램에서는 '버터 바른 토스트'에 관한 머피의 법칙을 반증하기 위해 사람들로 하여금 토스트를 공중에 던지게 하는 실험

6) 기승 : 누그러들지 않는 세찬 기운이나 힘.

7) 심보 : (주로 좋지 못한) 마음씨.

8) 멀쩡하다 : 흠이나 탈이 없이 아주 온전하다. 정신이 맑고 또렷하다.

9) 찜찜하다 : 꺼림칙한 느낌이 든다.

10) 부산 : 여러 가지 일로 어수선하고 바쁨.

11) 허둥대다 : 자꾸 갈팡질팡하며 정신없이 서두르다.

12) 골칫거리 : 귀찮고 어려운 일. 다루기 힘들고 성가신 사람.

13) 젠장 : 마땅찮아서 혼자 내뱉듯이 하는 말.

을 했다. 300번을 던진 결과, 버터를 바른 쪽이 바닥으로 떨어진 경우는 152번, 버터를 바른 쪽이 위를 향하는 경우는 148번으로 나왔다. 그들은 '확률적으로 별 차이가 없다'는 것을 보여줌으로써 머피의 법칙은 결국 우리들의 착각이었다는 결론을 내렸었다. 호기심 해결!

그러나 과연 그럴까? 일상에서 벌어지는 실제 상황은 토스트를 위로 던지는 경우가 아니라 대부분 식탁에서 떨어뜨리거나 사람이 들고 있다가 떨어뜨리는 경우다. 이런 경우에도 결과는 위 실험과 같게 나올까? 버터를 바른 면이 위쪽을 향해 있던 토스트가 식탁에서 떨어지는 경우, 어떤 면이 바닥을 향할 것이냐 하는 문제는 떨어지는 동안 토스트를 회전시키는 스핀[14]에 의해 결정된다. 토스트를 회전시키는 힘을 물리학자들은 토크[15]라고 부르는데 이 경우 중력[16]이 그 역할을 하게 된다. 로버트 매튜스는 보통의 식탁 높이나 사람의 손 높이에서 토스트를 떨어뜨릴 경우 토스트가 충분히 한 바퀴를 회전할 만큼 지구의 중력이 강하지 않다는 것을 간단한 계산으로 증명했다. 대부분 반 바퀴 정도를 돌고 바닥에 닿기 때문에 버터를 바른 면이 반드시 바닥을 향해 떨어진다는 것이다. 물리적으로 계산을 해보면, 공기의 저항[17]이나 얇은 버터층의 무게는 토스트의 회전에 거의 영향을 미치지 않는다고 한다.

〈중략〉

슈퍼마켓에서 혹은 현금 자동 인출기 앞에 길게 늘어선 줄들을 보고 '어느 줄에 설까'를 고민해 보지 않은 사람은 없을 것이다. 순간적인 눈 굴림[18]과 쪼잔한[19] 잔머리를 동반해 '사소한 일에 목숨 거는' 고민 끝에 제일 빨리 줄어들 것 같은 줄 뒤에 서지만, 늘 다른 줄들이 먼저 줄어든다. 도대체 그 이유는 무엇일까? 다른 줄에 섰으면 지금쯤 계산이 끝났을 텐데 말이다. 젠장할!

이 문제는 조금만 생각해 보면 당연한 결과라는 것을 알 수 있다. 만약 슈퍼마켓에 열두 개의 계산대가 있다고 가정해 보자. 공교롭게도 내가 선 줄의 계산대가 말썽을 일으킨다거나 사람들이 물건을 많이 사서 유독 계산이 느리게 진행될 수도 있겠지만, 평균적으로는 다른 줄과 별 차이가 없다고 가정할 수 있다. 다른 줄에서도 그런 일이 벌어질 가능성은 얼마든지 있으니까. 사람들은 늘 가장 짧은 줄 뒤에 서려고 할 것이므로

---

14) 스핀(spin) : 회전, (물리학에서) 입자의 고유한 각운동량(角運動量).

15) 토크(torque) : 주어진 회전축을 중심으로 회전시키는 능력.

16) 중력 : 지구 위의 물체에 작용하는, 지구의 잡아당기는 힘.

17) 저항 : (물리학에서) 물체의 운동과 반대 방향으로 작용하는 힘.

18) 눈 굴림 : 눈동자를 이리 돌렸다 저리 돌렸다 하는 것.

19) 쪼잔하다 : 사람의 마음 쓰는 폭이 좁다.

줄의 길이도 대개 비슷할 것이다. 그렇다면 이 경우 평균적으로 내가 선 줄이 가장 먼저 줄어들 확률은 얼마일까? 그것은 당연히 12분의 1이 될 것이다. 다시 말하면, 다른 줄이 먼저 줄어들 확률이 12분의 11이나 된다는 얘기다. 아주 운이 좋지 않다면, 어떤 줄을 선택하든 결국 나는 다른 줄이 줄어드는 것을 지켜볼 수밖에 없다.

〈중략〉

로버트 매튜스가 약간의 수학으로 증명했던 머피의 법칙들은 우리에게 무슨 이야기를 들려주고 있는 걸까? 세상에는 되는 일보다 생각대로 안 되는 일이 훨씬 더 많다. 더 나은 상황이란 언제든지 있기 마련이니까. 일이 안 될 때마다 우리는 머피의 법칙을 떠올리며 '나는 굉장히 재수가 없구나'라고 생각하지만, 로버트의 계산은 그것이 '재수의 문제'가 아니라는 것을 말해준다. 어쩌면 우리가 그동안 바라왔던 것들이 이 세상에게는 상당히 무리한 요구였는지도 모른다.

우리는 그동안 열두 줄이나 길게 늘어선 계산대 앞에서 내 줄이 가장 먼저 줄어들기를 바랐고, 변덕[20]이 죽 끓듯 하는 날씨를 상대로 하는 일기 예보에게 100%의 정확도를 기대했고, 식탁 높이에서 토스트를 떨어뜨렸으면서도 토스트가 멋지게 한 바퀴를 돌아 버터 바른 면을 위로 하고 10점 만점으로 착지하길[21] 바랐던 것이다. 머피의 법칙은 세상이 우리에게 얼마나 가혹한가를 말해주는 법칙이 아니라, 우리가 그동안 세상에게 얼마나 많은 것을 무리하게 요구했는가를 지적하는 법칙이었던 것이다.

20) 변덕 : 이랬다저랬다 잘 변하는 태도나 성질.

21) 착지하다 : 운동에서 동작을 마치고 땅이나 마루에 내려서는 동작을 하다.

• 글쓴이 소개

정재승(1972~)

한국과학기술원에서 물리학 전공, 현재 한국과학기술원 학제학부 바이오시스템학과 교수. 영화 속 상상력을 과학의 눈으로 보는 『물리학자는 과학에서 영화를 본다』, 복잡한 사회 현상의 뒷면에 감춰진 흥미로운 과학 이야기를 담은 『과학콘서트』, 『도전 무한지식』 등의 저서를 통해 과학을 쉽고 친근하게 소개하고 있다.

어휘 연습

1. 다음 단어의 의미를 골라 연결하십시오.

1) 따져보다 •	• 자세히 헤아려 보다
2) 들어맞다 •	• 다른 사람의 의견에 대하여 맞서 공격하다
3) 반박하다 •	• 미리 생각했던 그대로 되다
4) 증명하다 •	• 논리를 펴기 위하여 어떤 조건을 사실인 것처럼 받아들이다
5) 가정하다 •	• 증거를 들어서 어떤 사건이나 내용이 참인지 거짓인지, 옳은지 그른지를 판단하다

2. 빈칸에 공통으로 들어갈 단어를 쓰십시오.

곰곰이　　하필이면　　어김없이　　또렷하게　　오죽하면

1) ㄱ. 해외 여행을 하려고 하는데 .... 이럴 때 환율이 오를 게 뭐야?
   ㄴ. 왜 .... 다른 약속이 있는 날 한턱내겠다고 하는 거야?

2) ㄱ. 늦더위가 기승을 부렸지만 올해도 .... 가을이 찾아왔다.
   ㄴ. 이번 추석 연휴에도 .... 고속도로는 귀성길 정체가 심했다.

3) ㄱ. .... 아이가 있는데도 이혼을 했을까?
   ㄴ. 그렇게 착한 사람이 .... 그런 심한 말을 다 하겠어요?

4) ㄱ. 부모님이 기뻐하시던 모습이 .... 기억나요.
   ㄴ. 실내가 좀 시끄러운 데다가 목소리가 작아서 .... 들리지 않아요.

5) ㄱ. .... 돌이켜 보니 그 일은 나에게도 책임이 있는 것 같아요.
   ㄴ. .... 생각해 봐도 그 사람이 왜 그런 말을 했는지 이해가 안 된다.

3. 다음 문제를 보고 답을 쓰십시오.

1) 보기와 같이 연결하고 알맞은 단어를 골라 빈칸에 쓰십시오.

잔
- 머리 → 잔머리
- 글씨 → ....
- 기침 → ....
- 주름 → ....
- 소리 → ....

❶ 신문을 읽을 때 (   )이/가 안 보여 돋보기를 써야 한다.

❷ 약을 먹어도 (   )이/가 잘 낫지 않는다.

❸ 자식을 사랑하는 마음에서 어머니가 (   )을/를 하시는 걸 알지만 자꾸 듣다 보면 짜증이 난다.

2) 다음 동사와 함께 쓸 수 없는 단어를 고르십시오.

..........을/를 부리다		..........을/를 떨다	
기승	☐	부산	☐
고집	☐	수다	☐
말썽	☐	야단법석	☐
변덕	☐	엄살	☐
욕심	☐	잡담	☐
화	☐	재롱	☐

3) 다음 표현의 의미를 골라 연결하고 문장을 완성하십시오.

변덕이 죽 끓 듯하다 •	• 남의 괴로움이나 남에게 꼭 필요한 것을 잘 알아서 시원스럽게 만족시켜 주다
가려운 곳을 긁어주다 •	• 말이나 행동을 몹시 이랬다저랬다 하다

❶ 〈소비자 고발〉이라는 TV 프로그램은 소비자들의 .... 어서/아서/여서 시청률이 높다.

❷ ....는/은/ㄴ 사람하고 같이 일하면 피곤하다.

내용 이해

1. 글쓴이가 이 글에서 말하고자 하는 것은 무엇입니까? (   )

❶ '머피의 법칙'을 증명하려면 과학적인 연구가 더 필요하다.

❷ 재수가 없는 일이 생길 확률은 과학적으로 더 낮다.

❸ 일이 안 될 때마다 '머피의 법칙'을 생각하며 위로를 받는 사람이 많다.

❹ '머피의 법칙'은 재수가 있고 없음의 문제가 아니다.

2. 다음은 이 글의 짜임을 정리한 것입니다. 빈칸에 알맞은 말을 넣으십시오.

처음
- '머피의 법칙'이란

  ....

중간
- '머피의 법칙'은 '선택적 기억'에 의한 착각이다.
- '머피의 법칙'을 과학적으로 증명한 예

  1) '버터 바른 토스트' 던지기

  영국 TV 과학프로그램 실험 결과

  ....

  로버트 매튜스의 증명

  ....

  2) 슈퍼마켓 계산대에서의 줄서기

  ....

끝
- '머피의 법칙'은 재수의 문제가 아니다.

  ....을/를 지적하는 법칙이다.

3. 다음을 읽고 맞으면 O표, 틀리면 X표 하십시오.

1) 과학자들은 '머피의 법칙'을 증명하기 위해 오래전부터 많은 노력을 했다. (   )

2) 사람은 보통 재수 없는 일을 오래 기억한다. (   )

3) 버터의 무게 때문에 토스트의 버터 바른 면이 바닥에 떨어질 때가 많다. (   )

이야기해 봅시다

1. 다음은 우리 주위에서 흔히 들을 수 있는 말입니다. 다음과 같은 말을 들은 적이 있습니까?
   여러분은 이런 이야기가 과학적 근거가 있다고 생각합니까? 그렇게 생각하는 이유를 이야기해 보십시오.

- 모기가 좋아하는 체질이 따로 있다.
- 남자는 첫눈에 반하는 경우가 많고 여자는 첫눈에 반하는 경우가 별로 없다.
- 사랑에 유효 기간이 있다.
- 미인은 잠꾸러기이다.
- 비 오는 날 헤어스타일이 마음대로 잘 안 된다.
- 마른 사람이 '꼬르륵' 소리가 더 크게 들린다.
- 엄마 손은 약손이다.
- 장남은 순종적이며 책임감이 강하고 차남은 반항적이며 경쟁심이 강하다.

누구든 천재처럼 될 수 있다

이인식

알버트 아인슈타인

서울대 정도 다니면 우리 사회에서는 수재 소리를 듣는다. 2002년 3월부터 영재교육진흥법이 시행되면 국가에서 길러낸 영재들이 쏟아져 나올 판이다. 수재나 영재 대접을 받지 못하는 보통 사람들이 열등감에 사로잡힐 개연성이 적지 않지만 누구나 노력만 하면 천재들처럼 창조적인 인간이 될 수 있다는 사실을 망각하지 않았으면 좋겠다. 파스칼, 다빈치, 미켈란젤로, 모차르트, 피카소, 뉴턴, 다윈, 에디슨, 아인슈타인. 인류의 문명과 문화를 발전시킨 천재가 어디 이들뿐이랴.

리차드 파인만

천재와 범인의 차이는 지능지수에서 찾는 게 상식이다. 그러나 1965년 노벨 물리학상을 받았으며 기발한 아이디어로 명성을 날린 리처드 파인만의 지능지수는 122에 불과했다. 요컨대 천재란 지능지수가 200에 가깝거나 7세에 14개 국어를 정복한 사람이 아니다. 한마디로 천재는 창조성이 뛰어난 사람들이다.

심리학자들은 인간의 창조성이 지능과 반드시 비례하는 것은 아니라는 결론을 내렸다. 지능이 모자라도 창조적인 사람이 있을 수 있는 반면에 창조성은 뒤떨어지지만 시험 성적은 항상 좋은 학생들을 우리 주변에서 얼마든지 볼 수 있다. 아인슈타인처럼 학교 성적이 좋지 않았던 천재가 한 둘이 아니다.

어린 시절부터 창조적 재능을 꽃피운 완벽한 천재로 맨 먼저 손꼽히는 인물은 모차르트이다. 18세기 후반 유럽을 뒤흔든 신동이다. 네 살 적부터 연주를 시작한 그는 여섯 살 때 미뉴에트를 작곡하고 아홉 살에 교향곡, 열한 살에 오라토리오, 열두 살에 오페라를 썼다. 그는 한 곡을 쓰면서 동시에 다른 곡을 생각해 낼 수 있었으며 악보에 옮기기 전에 이미 곡 전체를 작곡했다고 전해진다.

그러나 모차르트가 단숨에 작곡했다는 소문과 달리 그의 초고에는 고친 흔적이 적지 않았으며 심지어 도중에 포기한 작품도 있었다. 게다가 그의 작품 멜로디의 80% 정도가 당대의 다른 작곡가들 작품에 사용됐던 것으로 밝혀졌다. 또한 초기 작품의 질이 나중 작품보다 뛰어나지 못한 것으로 평가됐다. 요컨대 모차르트는 신동의 명성을 유지하기 위해 남다른 노력을 했다는 것이다. 물론 이러한 사례들 때문에 모차르트 작품의 천재성이 훼손될 수는 없다. 단지 인류 역사상 천재 중의 천재로 여겨지는 모차르트조차 다른 사람들보다 더 노력했다는 사실을 강조하고 싶을 따름이다.

볼프강 아마데우스 모차르트

모차르트를 통해서 천재들이란 보통 사람들이 갖지 못한 신비스러운 재능만으로 창조적 작품을 쏟아낸다는 통념이 옳지 않음을 확인하게 된다. 인지심리학자들의 연구결과도 이를 뒷받침한다. 천재의 뇌 속에서 둔재의 머리 안에 없는 특별한 조직이 발견되지 않았을 뿐더러 천재나 범인 모두 문제해결 방식이 동일한 과정을 밟는 것으로 밝혀졌기 때문이다.

다시 말해서 천재와 보통사람 사이의 지적 능력 차이는 질보다 양에서 나타났다. 지적 능력의 질에서는 차이가 덜 발견됐지만 양에서 많은 차이가 나타났다는 의미이다. 이를테면 천재들이 우리가 갖지 못한 그 무엇을 갖고 있다기보다는 우리 모두가 갖고 있는 것을 약간 많이 갖고 있을 따름이라는 것이다. 인지과학자들에 따르면 천재들은 우리들도 갖고 있는 능력을 훨씬 더 효과적으로 사용하기 때문에 양적인 차이임에도 불구하고 질적인 차이로 비쳐져서 천재들을 우리들과 완전히 다른 두뇌의 소유자로 보게 된다는 것이다.

이런 맥락에서 천재들의 사고방식을 본뜰 수 있다면 개인차는 있겠지만 누구나 창조적인 사고를 할 수 있다는 결론에 도달한다. 천재들의 사고방식에는 몇 가지 특징이 있다. 무엇보다 여러 각도에서 남과 다르게 문제에 접근한다. 셰익스피어나 모차르트처럼 많은 양의 작품을 발표한다. 개중에는 조잡한 작품들도 물론 섞여 있다.

천재들의 창조적인 사고방식을 본뜰 수 있다는 사례도 확인됐다. 노벨 물리학상을 받은 닐스 보어(1922년 수상)와 엔리코 페르미(1938년 수상)의 경우 함께 연구한 제자들이 노벨상을 탔기 때문이다. 보어는 4명, 페르미는 6명의 문하생이 스승 덕분에 노벨상 수상의 영예를 누린 것으로 알려져 있다.

1. 글쓴이는 어떤 사람을 천재라고 합니까?

2. 글쓴이가 누구나 천재처럼 될 수 있다고 생각하는 이유는 무엇입니까?

제3과 경제와 삶

1. 현대 소비생활의 문제점을 이야기해 봅시다.

2. '지름신'이란 말을 들어본 적이 있습니까? 이야기해 봅시다.

CD: 03

지름신의 시대

안치용

모든 신 가운데 가장 젊은 신은 누구일까.

정답은 '지름신'이다. 행복을 주는 신이면서 동시에 파멸로 인도하는 사악한 신이다. 혹시 신의 이름을 모른다면 다행이다. 그러나 가끔 신의 이름을 모르면서 지름신의 신도인 예가 적지 않기 때문에 방심은 금물이다.

지름신은 소비의 신으로, 상품의 효용이나 그 대금을 감당할 능력과 무관하게 무엇에 씐[1] 듯 상품을 사도록 역사하는[2] 신이라고 할 수 있다. 아버지는 자본주의이고, 어머니는 시장이며, 주거는 부정[3]이다. 지름신은 주로 여자를 신도로 거느리지만, 남자들 가운데서도 적잖은 수가 그를 숭배한다.

'지르다'[4]와 '신'을 합한 새로운 조어가 지름신이다. 대량소비사회의 정신적 지주라고 할 수 있다. 네티즌은 지름신이 '내리다, 강림하다'란 표현을 쓴다. 활동무대는 세계 전역이지만 선진국에서 자주 목격되며, 나라마다 이름이 다르다. 한국에서는 지름신이라고 부른다. 술이나 담배처럼 강한 중독성이 있어, 쇼핑을 못하면 술 · 담배를 끊었을 때와 마찬가지로 심각한 금단 증상으로 고통을 겪는다. 정보기술 발달로 편재하는[5] 특성을 갖게 됐다. 물론 옛날에도 지름신과 비슷한 아류 신이 있었다. 그러나 아무리 지름신에 강하게 씌어도 '지를 곳'을 찾지 못하면 신앙을 실천할 수 없다.

지금의 지름신이 타임머신을 타고 멀리도 아니고 조선 시대 말기로 거슬러 올라갔다고 가정해 보자. 5일마다 장이 서는 데다 마을에서 10여 리나 떨어져 있다. 어쩌다 지나가는 보부상[6]이나 뜨내기[7] 장사치가 마을에 들르지만, 아주 드문 일일뿐더러 갖고 온 물건 가운데 신통한 게 없다. 지름신은 서둘러 현대로 돌아오는 수

1) 씌다 : 귀신 따위에 접하게 되다.

2) 역사하다 : 주로 기독교에서 많이 쓰는 말로 '신이 일하여 그 뜻을 이루다'라는 의미가 있다.

3) 부정 : 일정하지 않음.

4) 지르다 : '내기에서 돈이나 물건을 걸다'와 같은 의미가 있으며 현대 소비 양상의 변화에 따라 어떤 계획되지 않은 소비행위를 저지른다는 확장된 의미를 갖게 되었다.

5) 편재하다 : 널리 퍼져 있다.

6) 보부상 : 옛날에 봇짐이나 등짐을 지고 여기 저기를 다니며 물건을 파는 사람.

7) 뜨내기 : 사는 곳이 일정하지 않고 이리저리 떠돌아다니는 사람.

밖에 다른 방도가 없을 것이다.

지금은 한때 과소비의 상징이었던 백화점만 피한다고 되는 것이 아니다. 바로 안방까지 홈쇼핑과 인터넷 쇼핑몰이 들어와 있어 지름신이 내리기에 매우 좋은 환경이 조성됐다. 시쳇말[8]로 유비쿼터스한[9] 신인 셈이다. 이러한 편재성 때문에 남녀노소, 빈부의 구별 없이 매일 매일 수많은 현대인이 지름신에게 귀의하고 있다.

당연히 소득 규모에 맞춰 필요의 우선 순위를 따지는 '합리적인 소비'는 점차 설 자리를 잃고 있다. 이러한 지름신의 득세[10]는 사회가 지속적으로 상품소비 욕망을 부추기기 때문이다. 홈쇼핑업계에서 오전 9~11시와 오후 5~7시는 전략 시간대다. 전체 홈쇼핑 매출의 28퍼센트 가량이 이 두 시간대에 발생한다. 남편과 자녀가 집을 비운 오전과 가족이 집으로 돌아오기 직전에 주부들이 쇼핑에 열중하기 때문이란 분석이다.

홈쇼핑업체는 이러한 주부들의 구매 행태를 반영해 프로그램을 편성한다. 예컨대 부엌일을 마치고 TV를 켜는 오전에는 다리미나 그릇세트 등 살림살이와 직접 관련된 제품을 판매한다. 녹용이나 삼계탕, 비타민제 등 건강식품은 오후 5시 전후에 집중 편성한다. 귀가하는 가족을 생각하는 주부의 마음을 파고든 것이다. 홈쇼핑과 달리 인터넷 쇼핑몰은 늦은 밤에 매출이 많이 오른다.

쇼핑이 대뇌에 구체적인 반응을 일으킨다는 사실은 여러 연구 결과에서 공통적으로 확인됐다. 쇼핑은 대뇌 신경전달물질인 도파민[11]이 일시적으로 더 많이 생기도록 하는 것으로 알려졌다. 따라서 쇼핑을 통해 안락감과 행복을 느끼게 되는 것이다. 스트레스를 받는 상황이라면 도파민에 대한 욕구가 더 커질 수 있다. 지속적으로 스트레스를 받는 사람이라면 인터넷 쇼핑 등을 통해 반복적으로 쇼핑에 빠져들 가능성이 있다.

쇼핑이 즐거움만 야기하는 게 아니라는 연구도 있다. 기쁨과 함께 불쾌감을 끌어내는 뇌의 부위가 동시에 활성화된다는 것이다. 기쁨은 앞서 설명한 대로이고, 불쾌감은 쇼핑을 통해 금전 손실이 생기는 것에 대한 반응으로 풀이된다. 지름신에 잘

8) 시쳇말로 : 유행하는 말로, 흔히 하는 말로.

9) 유비쿼터스(Ubiquitous) : '물이나 공기처럼 언제 어디서나 존재하다' 라는 뜻의 라틴어.

10) 득세 : (정치적, 경제적) 세력을 얻는 것.

11) 도파민(dopamine) : 호르몬 조절이나 감정 등에 영향을 미치는 신경전달물질로 쾌감을 유발한다.

감응하는[12] 체질은 쇼핑할 때 불쾌감보다는 기쁨을 더 잘 느끼는 사람이겠다. 신이 내리기에 좋은 기질이 있는 것이나 마찬가지다. 스트레스 해소 또는 자신의 기쁨을 위해 쇼핑하는 사람은 그나마 주체적이라고 자위할 수도 있겠다.

널리 알려진 대로 현대사회에서는 이미지를 소비한다. 세계의 공장 중국에서 쏟아져 나오는 값싼 생필품을 비롯해 지구촌에는 물산이 풍족하다. 생산력 수준은 이미 전 인류의 필요를 감당[13]하고도 남을 정도다. 그러나 세계경제가 기본적으로 갖고 있는 시스템의 한계로 아프리카에서 굶어 죽는 사람들은 계속 그렇게 살 수밖에 없어 보인다.

한국 등 차고 넘치는 상태에 이른 나라들에서는 적정하고 합리적인 상태의 수요로는 공급초과 상태인 기업들을 만족시킬 수 없다. 기업은 지름신의 도움을 받아 이미지를 위한 소비, 소비를 위한 소비를 부추긴다. 실제로 몇 년 전 한국소비자원[14] 조사에 따르면 조사 대상자의 35.4퍼센트가 "꼭 필요하지 않아도 가격 할인이나 사은품 때문에 물건을 산다."라고 응답했다.

홈쇼핑TV에서는 늘 긴박한 분위기가 연출된다. 언제나 "이런 가격에 이렇게 다양한 구성[15]은 오늘이 마지막이라 주문이 쇄도하고[16] 있으니 서두르지 않으면 기회를 놓친다."라는 쇼핑호스트의 협박에 마음이 흔들리게 된다. 항상 하는 말인 줄 뻔히[17] 알면서도, 막상 평소 구매의사가 약간이라도 있었던 상품일 때는 슬그머니 상술에 넘어가기 십상이다.

'한정판매', '매진임박[18]', '주문쇄도', '마지막', '단 한 번' 등은 지름신교의 주문[19]이나 마찬가지다. 어떤 조사에 따르면 홈쇼핑TV 시청자의 60퍼센트가 충동구매를 했다고 한다. 인터넷 쇼핑몰은 홈쇼핑TV처럼 다그치지는 않지만, 개별적으로 쇼핑이 이뤄지고 있다는 게 문제점으로 지적된다. 특히 청소년이 주요 피해자가 될 수 있다는 점에서 우려가 크다.

〈중략〉

12) 감응하다 : 어떤 사물에 느낌을 받아 마음이 움직이다.

13) 감당 : 어떤 일을 맡아 자기 능력으로 해내는 것.

14) 한국소비자원 : 소비자의 권익을 증진학고 소비생활의 향상을 도모하기 위해 국가에서 세운 전문 기관.

15) 구성 : 홈쇼핑업체에서 물건을 잘 팔기 위해 몇가지 상품을 임의로 골라 하나로 묶어 판매하는 것.

16) 쇄도하다 : 한꺼번에 빨리 세차게 몰려들다.

17) 뻔히 : (자세히 따져보지 않아도 될 만큼) 확실히. 분명하게.

18) 임박 : 어떤 시기나 사건이 가까이 닥쳐오는 것.

19) 주문 : 술법을 부리거나 귀신을 쫓으려고 할 때 중얼거리며 외는 글귀.

지름신의 시대는 얼마나 계속될까. 모르긴 몰라도 아직 전성기가 시작되지 않은 것 같다. 소비사회에는 두 가지 노예밖에 없다는 얘기가 있다. 하나는 중독의 포로[20]이고, 다른 하나는 선망[21]의 포로다.

제 3의 길은 없는 것일까. 21세기의 예측할 수 있는 상당 기간, 지구촌을 하나로 묶을 수 있는 신이 지름신 외에는 잘 보이지 않는다. 사회는 지름신과 평화롭게 살아가는 법을 배우는 수밖에 대안이 없다. 그러나 피할 수 없다면 즐기자는 식의 태도는 곤란하다. 해답이 없더라도 해답을 찾으려는 노력을 포기해서는 안 된다. 지름신은 구원을 주는 유일신이 아니다!

---

20) 포로 : 마음이 무엇에 매이거나 정신이 무엇에 팔려 자기 마음대로 할 수 없는 사람.

21) 선망 : 남을 부러워하여 그렇게 되기를 바라는 것, 또는 그런 마음.

• 글쓴이 소개

안치용(1965~)

연세대학교 문과대학을 졸업하고, 1991년 경향신문에 입사해 경제, 산업, 국제, 문화, 사회부 등을 거쳤다. 경향신문에서 설립한 '지속가능사회를 위한 경제연구소(ERISS)' 소장이며 지은 책에 『블루오션의 거상』, 『10년 후 당신에게』, 옮긴 책에 『한국전쟁과 미국의 세균전』이 있다.

어휘 연습

1. 다음 단어의 의미를 골라 연결하십시오.

1) 인도하다 •	• 이치에 맞다
2) 풍족하다 •	• 매우 넉넉하여 모자람이 없다
3) 합리적이다 •	• 높이 우러러 공경하고 받들다
4) 주체적이다 •	• 자신만의 소신과 판단이 있다
5) 숭배하다 •	• 가르쳐 일깨우며 이끌다

2. 빈칸에 공통으로 들어갈 단어를 쓰십시오.

신통하다	부추기다	야기하다	긴박하다	다그치다

1) ㄱ. 지금 국내외의 여러 가지 일들이 아주 ....게 돌아가고 있습니다.

ㄴ 남북의 대치상황이 전쟁이 날 수도 있는 ....는/은/ㄴ 상황이었다.

2) ㄱ. 두 민족간의 종교적 갈등이 내전을 ....었다/았다/였다.

ㄴ. 지도자의 성급한 판단과 결정이 경제적인 위기를 ....을/ㄹ 까봐 걱정이다.

3) ㄱ. 응모작은 많으나 ....어 보이는/아 보이는/여 보이는 것은 없다.

ㄴ. 아무리 생각해 봐도 ....는/은/ㄴ 생각이 떠오르지 않는다.

4) ㄱ. 일을 빨리 하라고 옆에서 ....으면/면 오히려 실수하기가 쉽다.

ㄴ. 어머니는 내가 하는 말을 믿지 못하시고 사실을 말하라며 .... 었다/았다/였다.

5) ㄱ. 물가 상승을 ....는/은/ㄴ 요인 중의 하나로 유가 상승을 들 수 있다.

ㄴ. 판매 직원은 할인기간이니까 가방에다가 구두까지 사라고 .... 었다/았다/였다.

3. 다음 문제를 보고 답을 쓰십시오.

1) 다음에 제시된 단어를 골라 알맞은 단어를 만드십시오.

상실	편재	문화	압박
합리	정치	열등	예술
책임	가능	중독	경제

상실감	가능성	예술계
......감	......성	......계
......감	......성	......계
......감	......성	......계

2) 다음 표현의 의미를 골라 연결하고 문장을 완성하십시오.

남녀노소	빈부귀천	동서고금	이해득실

1) 남녀노소 •

2) 빈부귀천 •

3) 동서고금 •

4) 이해득실 •

• 이로움과 해로움, 얻음과 잃음

• 남자와 여자, 나이 많은 사람과 젊은 사람, 모든 사람들

• 가난함과 부유함, 귀함과 천함

• 동양과 서양, 옛날과 지금

❶ ....을/를 막론하고 자식을 사랑하지 않는 부모는 없다.

❷ 그는 손해 보는 걸 싫어해서 무슨 일에나 ....을/를 따지는 편이다.

❸ 윷놀이는 .... 누구나 즐길 수 있는 놀이다.

❹ 사람은 ....에 따라 차별 받아서는 안 된다.

내용 이해

1. 글쓴이가 이 글을 쓴 이유는 무엇입니까? (　　　)

❶ 현대인의 소비욕망에 대해서 이야기하려고

❷ 현대인의 무분별한 소비태도를 돌아보게 하려고

❸ 쇼핑과 스트레스의 상관관계를 밝히기 위해서

❹ 현대인의 다양한 구매행태를 설명하기 위해서

2. 다음은 이 글의 짜임을 정리한 것입니다. 빈칸에 알맞은 말을 넣으십시오.

서론
- 지름신이란

  ....

본론
- 지름신의 특성
  1) 술이나 담배처럼 ....
  2) 정보기술의 발달로 ....
- 홈쇼핑과 인터넷 쇼핑몰은 사람들의 소비욕망을 부추기고 있다.
- 쇼핑이 야기하는 정서적 반응
  1) ....
  2) ....
- 기업 역시 이미지를 위한 소비, 소비를 위한 소비를 부추긴다.

결론
- 소비사회의 두 가지 노예
  1) ....
  2) ....
- 소비사회의 노예가 되지 않기 위한 노력을 포기해선 안된다.

3. 다음을 읽고 맞으면 O표, 틀리면 X표 하십시오.

1) 정보기술의 발달은 지름신이 살기에 좋은 환경을 제공한다. (　　　)

2) 스트레스를 받는 사람이 반복적으로 쇼핑에 빠져들기가 쉽다. (　　　)

3) 대부분의 소비자들은 꼭 필요하지 않아도 가격 할인이나 사은품 때문에 물건을 산다. (　　　)

이야기해 봅시다

○ 다음은 여러 가지 소비의 유형입니다. 최근 많이 볼 수 있는 소비유형은 무엇입니까? 이야기해 봅시다.

1) 과소비

자신의 소득을 초과하는 무분별, 무절제한 소비.

'마이너스 통장이라도 좋다.' '일단 사고 본다.'

2) 과시 소비

남들에게 자신의 부를 과시하기 위한 소비, 보통 사람들은 꿈도 꾸지 못하는 값비싼 명품들만 골라서 사는 경우다.

'명품으로 나를 말한다.'

3) 모방 소비

자신에게 시급하거나 필요한 상품이 아님에도 불구하고 남들이 사니까 무작정 따라하는 소비.

'네가 사니 나도 산다.'

4) 충동 소비

견물생심이라고 사전에 계획 없이 즉흥적으로 이루어지는 소비.

'지름신이 내게로 왔다.'

5) 의존 소비

소비자 자신의 욕구에 의해서가 아니라 대중매체의 광고에 자극을 받아 이루어지는 소비.

'광고가 나를 유혹한다.'

돈보다 더 중요한 것이 있다

이준구

이스라엘의 한 탁아소는 약속한 시간에 맡겨 놓은 아이들을 데려가지 않는 부모들 때문에 골치를 앓고 있었다. 생각 끝에 탁아소 측은 늦게 나타나는 부모들에게 벌금을 부과하기로 결정했다. 그런데 벌금을 부과하기 시작하자 뜻밖의 일이 벌어졌다. 늦게 나타나는 부모가 줄어들 것으로 기대했는데, 실제로는 오히려 더 늘어났던 것이다. 탁아소 측이 사람들의 심리를 잘못 읽은 데서 빚어진 촌극이었다.

이 세상에 벌금 내기 좋아하는 사람은 아무도 없다. 그러니까 벌금이 부과되기 시작하면 가능한 한 일찍 탁아소로 와 아이를 데려갈 것이라고 예상할 수 있다. 전통적 경제이론의 관점에서 보면 매우 그럴듯한 추론이다. 사실 우리가 보는 거의 모든 정책이 이와 같은 논리에 그 기초를 두고 있다. 즉 경제적 유인을 제공해 사람들의 행동을 일정한 방향으로 몰아갈 수 있다는 생각이 기초를 이루고 있는 것이다.

그렇다면 그 부모들은 왜 벌금을 부과하기 시작한 후 오히려 예전보다 더 늦게 나타난 것일까? 그 배경을 알아내는 것은 그리 어렵지 않다. 벌금을 내기만 하면 얼마든지 늦어도 된다는 생각을 했기 때문임이 분명하다. 예전에는 늦게 나타날 때 탁아소 직원들에게 엄청나게 미안함을 느꼈을 것이다. 자기 때문에 퇴근하지 못하고 기다리는 그들에게 몇 번씩이나 허리를 굽혀 사죄하는 광경을 쉽게 상상할 수 있다.

그런데 벌금제도가 도입된 후에는 그런 죄책감을 느낄 필요가 없다. 자신의 잘못은 벌금으로 이미 그 대가가 치러진 셈이다. 그러므로 인간적인 차원에서 사과를 할 필요까지는 없다고 생각하게 된다. 벌금제도가 도입된 후에는 더욱 홀가분한 마음으로 탁아소에 늦게 나타날 수 있는 것이다. 지금 보는 예처럼 경제적 유인이 엉뚱한 방향으로 작용하는 사례가 생각 밖으로 많다.

전통적 경제이론에서는 사람들이 단 한 푼의 돈에도 벌벌 떠는 것으로 상정한다. 그러나 사람들의 심리는 그렇게 단순하지 않다. 금전적 이득이나 손해에만 연연하는 것이 아니라, 그 이외의 측면도 아주 중요하게 생각한다. 현실적으로 체면, 자존심 혹은 죄책감 같은 비경제적 측면이 그들의 행동에 훨씬 더 큰 영향을 줄 가능성이 있다.

이런 관점에서 지금 우리 사회의 화두가 되고 있는 신자유주의적 개혁을 재평가해 볼 필요가 있다. 앞에서 예로 든 탁아소의 벌금 부과 결정은 신자유주의적 개혁과 같은 맥락의 조처라고 볼 수 있다. 경제적 유인에 반응하는 인간의 속성을 이용해 그들의 행동을 일정한 방향으로 유도한다는 점에서 말이다. 게을리 일하는 사람을 벌주는 한편 열심히 일하는 사람에게 상을 주는 성과급제도가 그 좋은 예다.

그렇지만 성과급제도가 도입된 후 생산성이 반드시 향상된다는 보장은 없다. 서투른 방법으로 이를 실시하면 오히려 생산성 저하의 역풍을 맞을 수도 있다. 사람들로 하여금 신이 나서 일하게 만들어야 생산성이 높아질 수 있다. 그런데 열심히 일하면 더 많은 보수를 주겠다는 약속만으로 사람들을 신나게 만들 수는 없다. 오히려 성과급 제도의 도입이 탁아소의 벌금 부과와 비슷한 효과를 만들어낼 가능성이 크다.

또한 성과급제도의 도입은 공정성의 문제를 일으켜 사기 저하의 원인이 될 수도 있다. 본문에서 자신이 공정하게 대접받고 있다고 생각해야 열심히 일하려는 태도가 나온다는 점을 설명한 바 있다. 그런데 사람들이 공정하다고 생각하는 임금은 자기와 비슷한 처지에 있는 사람들이 받는 임금이다. 입사 동기생이 받는 보수가 자신의 두 배나 된다는 사실을 알게 된 사람이 신나게 일할 리 만무하다.

행태경제이론은 우리로 하여금 신자유주의적 개혁에 대해 많은 것을 생각하게 만든다. 사람들은 경제적 동물이라는 단순논리로 접근하는 것이 얼마나 위험한 것인지 새삼 깨닫게 된다. 문제의 핵심은 어떻게 하면 자신이 하는 일에 보람을 느끼면서 신나게 일할 수 있도록 만들어 주느냐에 있다. 이 점에서 보면 몇 푼의 돈보다는 공정한 대접을 받고 있다는 느낌이 훨씬 더 중요하다. 또한 자존심을 가질 수 있도록 만들어 주는 것 역시 중요한 일이다.

1. 탁아소에서 벌금제도를 도입한 후 결과는 어떻게 됐습니까?

2. 사람들의 행동에 영향을 미치는 비경제적 측면은 무엇입니까?

제4과 길에서 만나는 역사

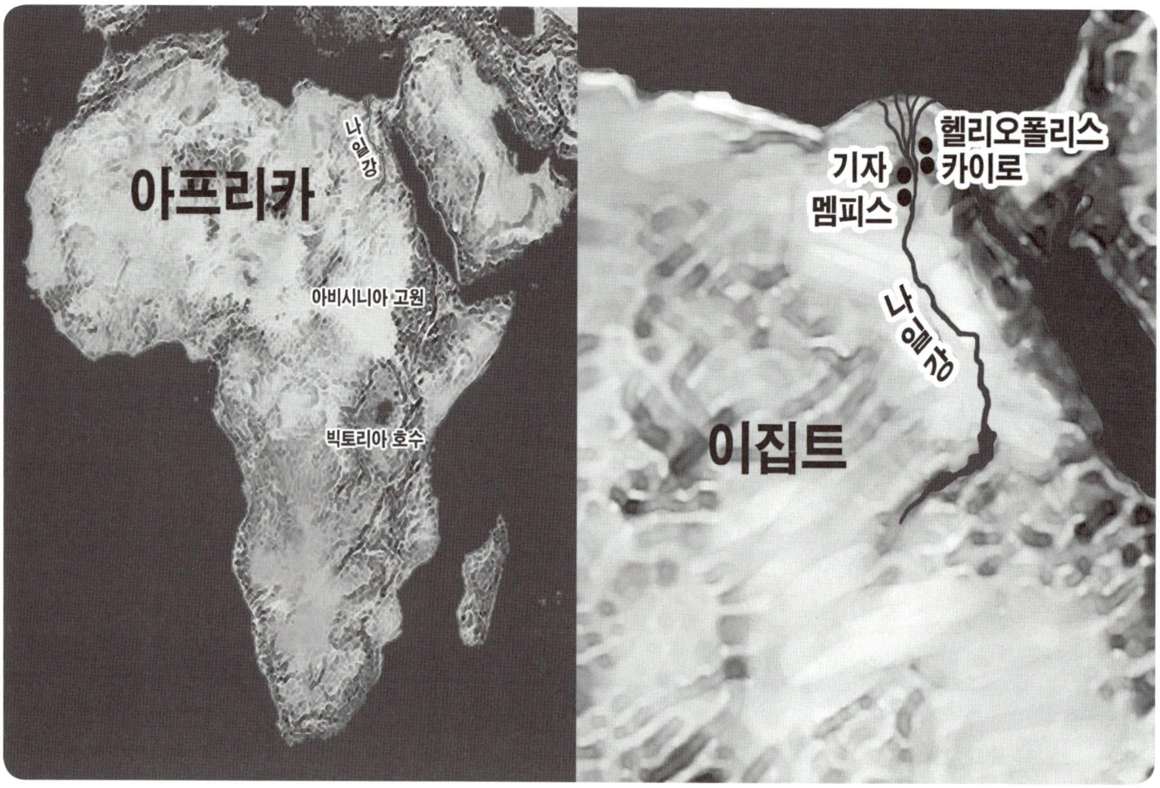

1. 여러분은 역사적으로 의미 있는 곳을 여행한 적이 있습니까?

2. 4대 고대 문명 중 하나인 이집트 문명에 대해서 이야기해 봅시다.

CD: 04

카이로

이희수

기원 전 3000년경부터 발달하기 시작한 이집트 문명은 피라미드와 스핑크스로 대표된다. 해마다 정기적으로 범람하는[1] 나일 강변의 비옥한[2] 땅을 중심으로 세계 최고의 고대 문명이 이집트에서 번성하였다. 태양력과 뛰어난 측량술 그리고 천문학을 창안했으며[3], 파피루스라는 종이에 상형 문자를 만들어 쓰던 이집트 문명은 사방이 사막과 바다로 고립되어 있어 오랫동안 외적의 침입을 받지 않고 독자적[4]인 문명을 이루고 보존해 갈 수 있었다.

"5000년 전의 고대 문명에서 인간이 배울 수 있는 것은 겸손뿐이다"라는 어느 고고학자의 고백을 떠올리며, 숙연한 마음으로 카이로에 도착한 시간은 어둠이 짙게 깔린 겨울의 이른 새벽이었다. 짐을 풀고 고층 호텔의 창문 커튼을 열어 젖히자 시내 한가운데를 흘러가는 나일 강 위로 막 일출이 시작되고 있다.

이집트 문명은 나일 강의 선물이라는 그리스 역사가 헤로도토스의 표현을 굳이 빌리지 않더라도 국토의 97%가 사막인 이집트에서 나일 강이 가지는 절대성이 쉽게 피부로 느껴졌다.

아비시니아 고원에서 또 빅토리아 호수에서 아프리카의 6000km를 남에서 북으로 흘러온 나일 강이 그 하구에 만들어 놓은 마지막 선물이 카이로다. 카이로를 중심으로 피라미드 시대의 고왕국 수도인 멤피스와 태양신 '라' 신앙의 발상지인 헬리오폴리스가 펼쳐져 있다. 그리고 보니 카이로 일대야말로 고대 문명의 요람[5]이요, '문화'라는 인류 최고(最古)의 산물을 본격적으로 일구어[6] 낸 실험장이었던 셈이다.

〈중략〉

1) 범람하다 : 강이나 시내의 물이 차서 넘쳐흐르다.

2) 비옥하다 : 식물이 잘 자랄 수 있게 하는 성분이 많이 들어 있어서 땅이 기름지다.

3) 창안하다 : 처음으로 생각해 내다.

4) 독자적 : 남의 것을 흉내내지 않고 독특한 것.

5) 요람 : 사물의 발생지나 근원지를 비유적으로 이르는 말.

6) 일구다 : 땅을 파서 흙을 뒤집고 일으키다.

나일의 출렁거리는 물살에 반사되는 햇살들 사이로 멀리 기자[7]의 세 피라미드와 피라미드의 수호신으로 알려진 스핑크스가 희미한 형체로 모습을 드러낸다. 태양은 고대 이집트인들에게 특별한 의미를 주었다. 그것은 어둠과 절망 속에서 거룩한 광명을 약속하는 희망이었고, 나일 강의 풍요에 대한 귀중한 은총이었다. 그리하여 거친 속세[8]에서 빛을 숭상했던[9] 이집트인들은 스핑크스라는 거대한 석조물을 태양신께 바쳤다. 사막의 지평선을 넘어 어김없이 찾아오는 그 첫 햇살이 스핑크스의 두 눈을 정확히 비추고 있음을 확인한 나는 스핑크스가 더 이상 피라미드의 수호신이 될 수 없음을 깨닫게 되었다. 피라미드보다 훨씬 먼저 세워진 스핑크스는 빛에 대한 열정을 불태운 고대 이집트인들의 신앙 작품인 것이다. 이집트 왕족들의 무덤인 피라미드가 죽어간 생명을 거두기 위하여 나일 강 서쪽에 자리잡고 있는 것과 같이, 스핑크스는 다시 태어나는 생명을 맞이하기 위해 동쪽을 향해 놓여 있는 것이다. 지평선 아래로 사라졌던 태양이 다시 하늘 높이 솟아오르는 것처럼 인간 또한 죽지 않고 부활하여 영혼의 세계로 승천하여 이승에서의 삶을 계속하는 것이다. 알 수 없는 신비와 5000년이란 시간의 흐름 앞에 나는 잠시 할 말을 잃는다.

〈중략〉

카이로의 기자에는 이집트 문명의 상징인 세 피라미드가 스핑크스를 앞에 두고 나란히 자리하고 있다. 동서남북 방향의 사면체 피라미드는 고대 이집트의 절대 군주인 파라오의 무덤인데, 크기에 따라 쿠푸, 카프레 그리고 멘카우레의 것으로 4500년 전에 축조된[10] 것이다. 피라미드를 축조하는 데에 20만 명의 인부가 동원되어 20년이 소요되었다고 전해진다. 또 그에 상응하는 노동력이 필요했을 도로 건설과 부대시설들. 한 면의 길이가 250m, 높이가 170m, 600만 톤의 돌이 사용되었고, 단 몇 센티미터의 오차도 허용하지 않는 이 완벽한 축조물 앞에서 나는 몇 시간이

7) 기자 : 카이로에서 약 13Km 남서쪽에 위치한 도시. 고왕국 제4왕조 시대에 조성된 3개의 피라미드가 크기와 연도순으로 북쪽에서 남쪽으로 늘어서 있다.

8) 속세 : 일상적인 현실의 세상.

9) 숭상하다 : 높이 우러르며 소중히 여기다.

10) 축조되다 : 건축물 따위가 돌 같은 것을 쌓아 만들어지다.

고 인간의 지혜와 초월성[11]이라는 숙제를 생각했다.

〈중략〉

오늘날 카이로에는 아랍의 이집트 정복을 상징하는 아무르 사원과 동방 기독교[12]의 일파인 곱트 교회가 있고, 이슬람 지역에는 세계 최초의 대학인 알 아즈하르가 있어 전통적인 아랍 분위기가 지배적이다. 오스만 시대[13]의 대표적인 사원인 무하마드 알리 모스크[14]에서 일몰 예배를 알리는 코란[15] 낭송이 시작되자 이집트인들은 태양신 '라' 대신 알라(하나님)께 경배를 드린다. 미처 사원에 자리잡지 못한 은 수공예품 가게 주인은 자신의 가게 모퉁이에 예배용 깔개를 깔았다. '라'를 형상화하여 자신이 정성 들여 만든 은제 원반 앞에서 두 손을 하늘로 향하며 알라를 염원하고 있었다. 그러나 그의 경건한 기도 속엔 이미 초월자요 절대자인 알라와 라가 하나되고 있었다.

이처럼 카이로는 이집트 문명의 요람이고 과거와 현재를 잇는 역사의 다리다. 그러나 5000년 전 파피루스에 위대한 역사와 신화를 당당히 기록했던 이집트인들은 오늘날 대부분 문맹으로, 뜻도 모르는 파피루스의 상형 문자를 모사[16]하며 생계[17]를 꾸리고 있다. 나일의 범람을 예측하던 뛰어난 측량술과 천문학 그리고 관개[18] 기술은 아스완 댐이 대신 연결해 주고 있다. 역사는 반드시 앞으로만 나아가지 않는다는 사실을 나는 카이로에서 문득 느낄 수 있었다.

11) 초월성 : 어떤 한계나 표준을 뛰어넘어 있는 성질.
12) 동방 기독교 : 동로마가 중심이 된 기독교.
13) 오스만 시대 : 오스만 제국(1299~1922).
14) 모스크 : 이슬람교에서 예배하는 건물을 이르는 말.
15) 코란 : 이슬람의 경전.
16) 모사 : 다른 그림을 보고 똑같이 옮겨 그리는 것.
17) 생계 : 어렵게 살림을 해 나가는 일.
18) 관개 : 농사에 필요한 물을 논밭에 끌어들이는 일.

• 글쓴이 소개

이희수(1953~)

한국 외국어대학교를 졸업하고 터키 국립 이스탄불 대학교에서 역사학 박사 학위를 받은 뒤 이스탄불 마르마라 대학 역사학부에서 터키 학생들에게 유목문화론과 극동사를 강의했다. 현재는 한양대 문화인류학과 교수이며 중동 이슬람권에서 오랫동안 폭넓은 현지 연구를 해왔다. 『한·이슬람 교류사』, 『중동의 역사』, 『세계문화기행』, 『이슬람』 등의 저서가 있다.

어휘 연습

1. 다음 단어의 의미를 골라 연결하십시오.

1) 천문학 •	• 사물의 모양을 본떠서 만든 글자
2) 측량술 •	• 유물과 유적을 가지고 옛사람들의 생활을 연구하는 사람
3) 상형문자 •	• 역사적으로 큰 뜻이 있는 일이 처음으로 생겨난 곳
4) 고고학자 •	• 우주에 관한 온갖 사항을 연구하는 학문
5) 발상지 •	• 사물의 높이, 넓이, 길이 등을 기구를 써서 재는 기술

2. 빈칸에 공통으로 들어갈 단어를 골라 쓰십시오.

번성하다 고립되다 숙연하다 소요되다 염원하다

1) ㄱ. 폭설이 내려 산간 지역은 .... 는/은/ㄴ 곳이 많다.
ㄴ. 한 국가가 세계에서 .... 지 않으려면 개방적인 외교 정책을 펴야 한다.

2) ㄱ. 이 산의 정상까지 오르는 데는 세 시간이 .... 는다/ㄴ다.
ㄴ. 이 일은 .... 는/은/ㄴ 자금이 막대해서 추진하기가 어렵다.

3) ㄱ. 온 국민이 평화 통일을 .... 고 있다.
ㄴ. 수험생 부모들은 자식들이 수능 시험에서 좋은 성적을 거두기를 .... 으면서/면서 간절히 기도한다.

4) ㄱ. 고구려는 5세기 광개토대왕 시대에 크게 .... 었다/았다/였다.

ㄴ. .... 었다가/았다가/였다가 멸망한 국가들을 역사에서 찾아볼 수 있다.

5) ㄱ. 고인을 기리는 추도사를 듣는 자리는 .... 는/은/ㄴ 분위기였다.

ㄴ. 어머니의 희생을 그린 연극을 보면서 관객들은 .... 어졌다/아졌다/여졌다.

3. 다음 문제를 보고 답을 쓰십시오.

1) 서로 어울리는 것을 연결하고 문장을 만드십시오.

명동거리 •	• 따끔거리다
눈 •	• 곱슬거리다
가슴 •	• 북적거리다
머리카락 •	• 두근거리다

❶ 명동 거리는 항상 젊은이들로 북적거린다.

❷ ....

❸ ....

❹ ....

2) 다음 중에서 관계가 다른 것을 고르십시오. (   )

❶ 일출 : 일몰　❷ 요람 : 무덤　❸ 창안 : 모사　❹ 속세 : 이승

3) 다음 표현의 의미를 골라 연결하고 문장을 완성하십시오.

열정을 불태우다 •	• 감탄하거나 어이가 없어 무슨 말을 해야 할지 모르다
할 말을 잃다 •	• 실감이 나다
피부로 느껴지다 •	• 열렬한 애정을 가지고 열중하다

❶ 장을 볼 때면 요즘 물가가 얼마나 많이 올랐는지가 .... 는/ㄴ다.

❷ 그 배우는 이 작품이 마지막 작품이라고 생각하고 연기에 대한 .... 고 있다.

❸ 자신의 잘못임이 분명한데도 다른 사람의 탓으로 돌리는 박 대리를 보고 .... 었다/았다/였다.

내용 이해

1. 글쓴이가 이 글에서 이야기하고자 하는 것은 무엇입니까? (　　　)

❶ 고대 문명과 고고학의 역할

❷ 시간의 흐름에 따른 역사의 진보

❸ 이집트 문명과 이슬람 문화의 이질성

❹ 고대 문명의 신비로움과 인간의 지혜

2. 다음은 이 글의 짜임을 정리한 것입니다. 빈칸에 알맞은 말을 넣으십시오.

처음
- **고대 이집트 문명**
  피라미드와 스핑크스로 대표됨.
  ....을/를 창안함.
  파피루스에 상형문자를 만들어 씀.

중간
- **겨울 이른 새벽에 도착한 카이로**
  카이로는 고대 문명의 요람이며
  '문화'라는 인류 최고의 산물을 일구어 낸 실험장이었음.
- **기자의 스핑크스와 피라미드**
  스핑크스 – ....
  피라미드 – 고대 이집트의 절대 군주 파라오의 무덤
  ....
  ....

끝
- **오늘날의 카이로**
  전통적인 아랍 분위기가 지배적임.
  이집트 문명의 요람이며 ....

3. 다음을 읽고 맞으면 O표, 틀리면 X표 하십시오.

1) 이집트 문명은 지형적인 이유로 독자적 문명을 보존할 수 있었다. (　　)

2) 카이로는 나일 강이 시작되는 곳으로 비옥한 땅이다. (　　)

3) 스핑크스는 피라미드를 지켜주는 신이다. (　　)

4) 지금도 이집트에 태양신을 믿는 사람들이 많다. (　　)

써 봅시다

1. 역사적으로 의미 있는 곳을 여행한 경험을 〈보기〉와 같이 표에 써 보십시오.

여행 일정 : 경주, 지난 봄 주말, 친구와 1박2일	
보고 들은 것	느낀 것
첨성대 – 국보31호로 선덕여왕 때 세워진 것으로 전해짐. 동양에서 가장 오래된 천문대라고 함.	• 신라시대의 높은 과학 수준을 알 수 있음.
천마총 – 1973년에 발굴된 고분으로 1만 1500여 점의 유물이 출토되었는데 그 중 금관과 천마도가 유명함	• 누구의 능인지 궁금해짐. 천마도를 보고 싶어짐.
경주박물관 – 국보29호로 771년에 완성된 성덕대왕신종(에밀레종)이 가장 인상적임. 에밀레종의 설화가 떠오름.	• 종소리를 들을 수 없어 아쉬움. 종의 제작 기술이 신기함.
석굴암 – 불상과 조각들이 아름다운 세계문화유산임.	
불국사 – 석가탑(세계최초의 목판 인쇄물이 발견됨)과 다보탑이 유명한 세계문화유산임.	• 통일신라 불교의 찬란함과 종교의 숭고함을 느낌. • 건축미에 감탄함.
전체적인 감상 : 도시 전체가 하나의 박물관 같은 경주에서 천년 신라의 숨결을 느끼고 문화 유산의 소중함에 대해 생각함.	

여행 일정 :	
보고 들은 것	느낀 것
전체적인 감상 :	

2. 위의 표를 바탕으로 기행문을 써 보십시오.

더 읽어보기

어리석은 자의 우직함이 세상을 조금씩 바꿔 갑니다

신영복

오늘은 충청북도 단양군 영춘면에 있는 온달 산성에서 엽서를 띄웁니다. 이곳 온달 산성은 둘레가 683미터에 불과한 작은 산성입니다. 그러나 이 산성은 사면이 깎아지른 산봉우리를 테를 메우듯 두르고 있어서, 멀리서 바라보면 흡사 머리에 수건을 동여맨 투사와 같습니다. 그 모습만으로도 결연한 의지가 드러나 보입니다. 그래서 쉽게 접근을 허락하지 않는 성이었습니다. 다만, 마을 쪽으로 앞섶을 조심스레 열어 산성에 이르는 길을 내주고 있었습니다. 산 중턱에 이르면 사모정(思慕亭)이라는 작은 정자가 있습니다. 전사한 온달 장군의 관이 땅에서 떨어지지 않자, 평강 공주가 달려와 눈물로 달래어 모셔 간 자리라고 전해지고 있습니다. 이 산성을 찾아오는 사람들이 평강 공주를 만나는 자리입니다. 나는 사모정에서 나머지 산성까지의 길을 평강 공주와 함께 올라갔습니다.

아래로는 남한강을 배수의 진으로 하고, 멀리 소백산맥을 호시(虎視)하고 있는 온달 산성은 유사시에 백성을 보호해 주는 성이 아니라, 신라에 빼앗긴 땅을 회복하기 위한 전초 기지였음을 단번에 알 수 있습니다. 망루가 없어도 적병의 움직임이 한눈에 내려다보였습니다. 조령과 죽령 서쪽 땅을 되찾기 전에는 다시 고국에 돌아오지 않겠다고 한 온달의 결의가 지금도 느껴집니다. 나는 소백산맥을 바라보다 문득 신라의 삼국 통일을 못마땅해하던 당신의 말이 생각났습니다. 하나가 되는 것은 더 커지는 것이라는 당신의 말을 생각하면, 대동강 이북의 땅을 당나라에 내주기로 하고 이룩한 통일은 더 작아진 것이라는 점에서, 통일이 아니라 광활한 요동 벌판의 상실에 불과한 것인지도 모릅니다. 이러한 상실감은 온달과 평강 공주의 애절한 사랑의 이야기와 더불어 이 산성을 찾은 나를 매우 쓸쓸하게 합니다.

온달과 평강 공주의 이야기는, 당시의 사회적, 경제적 변화의 과정에서 부유해진 평민 계층이 신분 상승을 할 수 있었던 사회 변동기였다는 사료(史料)로 거론되기도 합니다. 그리고 '바보 온달'이라는 별명도 사실은 온달의 미천한 출신에 대한 지배 계층의 경멸과 경계심이 만들어 낸 이름이라고 분석되기도 합니다.

나는 수많은 사람이 오랜 세월에 걸쳐서 함께 만들어 전해 온 온달 장군과 평강 공주의 이야기를 믿습니다. 이 이야기는 다른 어떠한 실증적 사실(史實)보다도 당시의 정서를 더 정확히 담아내고 있다고 생각하기 때문입니다. 그리고 완고한 신분의 벽을 뛰어넘어 미천한 출신의 바보 온달을 선택한 평강 공주의 결단과, 드디어 용맹한 장수로 일어서게 한 평강 공주의 주체적 삶에는 민중의 소망과 언어가 담겨 있다고 생각하기 때문입니다. 이것이 바로 온달 설화가 당대 사회의 이념에 매몰된 한 농촌 청년의 이야기로 끝나지 않는 까닭이라고 생각합니다. 인간의 가장 위대한 가능성은 이처럼 과거를 뛰어넘고, 사회의 벽을 뛰어넘고, 드디어 자기를 뛰어넘는 비약에 있습니다.

나는 평강 공주와 함께 온달 산성을 걷는 동안 내내 '능력 있고 편하게 해 줄 사람'을 찾는 당신이 생각났습니다. '신데렐라의 꿈'을 버리지 못하고 있는 당신이 안타까웠습니다. 현대 사회에서 평가되는 능력이란 인간적 품성이 도외시된 '경쟁적 능력'입니다. 그것은 다른 사람들의 낙오와 좌절 이후에 얻을 수 있는 것으로, 한 마디로 말해 숨겨진 칼처럼 매우 비정한 것입니다. 그러한 능력의 품 속에 안주하려는 우리의 소망이 과연 어떤 실상을 가지는 것인지 고민해야 할 것입니다.

당신은 기억할 것입니다. 세상 사람을 현명한 사람과 어리석은 사람으로 분류할 수 있다고 당신이 먼저 말했습니다. 현명한 사람은 자기를 세상에 잘 맞추는 사람인 반면에, 어리석은 사람은 그야말로 어리석게도 세상을 자기에게 맞추려고 하는 사람이라고 했습니다. 그러나 역설적이게도 세상은 이런 어리석은 사람들의 우직함 때문에 조금씩 더 나은 것으로 변화해 간다는 사실을 잊지 말아야 한다고 생각합니다. 우직한 어리석음, 그것이 곧 지혜와 현명함의 바탕이고 내용입니다.

'편안함', 그것도 경계해야 할 대상이기는 마찬가지입니다. 편안함은 흐르지 않는 강물이기 때문입니다. '불편함'은 흐르는 강물입니다. 흐르는 강물은 수많은 소리와 풍경을 그 속에 담고 있는 추억의 물이며, 어딘가를 희망하는 잠들지 않는 물입니다.

당신은 평강 공주의 삶이 남편의 입신(立身)이라는 가부장적 한계를 뛰어넘지 못한 것이라고 하였습니다만, 산다는 것은 살리는 것입니다. 살림[生]입니다. 그리고 당신은 자신이 공주가 아니기 때문에 평강 공주가 될 수 없다고 하지만, 살림이란 '뜻의 살림' 입니다. 세속적 성취와는 상관 없는 것이기도 합니다. 그런 점에서, 나는 평강 공주의 이야기는 한 여인의 사랑의 메시지가 아니라, 그것을 뛰어넘은 '삶의 메시지'라고 생각합니다.

나는 당신이 언젠가 이 산성에 오기를 바랍니다. 남한강 푸른 물굽이가 천 년 세월을 변함없이 감돌아 흐르는 이 산성에서 평강 공주와 만나기를 바랍니다.

1. 글쓴이가 온달 장군과 평강 공주의 이야기를 믿는 이유는 무엇입니까?

2. 글쓴이가 생각하는 지혜와 현명함의 바탕은 무엇입니까?

제5과 문화의 차이

1. 문화 차이 때문에 오해를 받은 일이 있습니까?

2. 사람과 사람의 거리는 문화마다 다르다고 생각합니까?

시선의 차이

CD: 05

진중권

사람과 사람의 거리는 문화마다 다르다. 가령 동양인과 서양인이 만나 서로 얘기를 한다면, 어색한 상황이 벌어질 것이다. 언젠가 일본에 계신 장인어른이 독일을 방문하여 독일인들과 인사를 나눌 때의 일이다. 장인어른이 친밀감을 표하기 위해 바짝 다가서자, 독일 사람들은 난처한[1] 표정을 지으며 자꾸 뒤로 발을 뺀다. 대화를 나눌 때에 쾌적하게 느끼는 거리가 서로 다른 것이다. 미국인과 멕시코 사람들 사이에도 종종 이런 일이 일어난다고 들었다.

문화의 차이가 거리의 차이로 표현되는 경우가 있다. 유럽을 여행하다 보면 배낭여행 온 한국의 여성들이 다정하게 손을 잡고 다니는 것을 종종 보게 된다. 한국에서는 서로 친구 사이로 봐주겠지만, 유럽에서 그렇게 하고 다니는 것은 '우리는 레즈비언[2]'이라고 말하는 것과 같다. 한국에서는 남자들끼리 술 먹고 팔짱을 끼거나 어깨동무를 하고 다니는 것을 흔히 볼 수 있다. 하지만 서구에서 그렇게 하고 다니는 남자들은 보통 '게이'[3]로 인식된다.

한국의 여행객들이 여행을 하면서 흔히 실수하는 것이 있다. 유모차 탄 서양의 아기가 귀엽다고 다가가서 미소를 짓거나 머리를 쓰다듬는 것이다. 한국에서라면 제 아기 예뻐해 준다고 부모가 좋아하겠지만, 서양 사람들은 모르는 사람이 제 아기에게 관심을 보이는 것을 불쾌해하는 경향이 있다. 이런 동양인의 행동을 그저 문화 차이로 보아 넘겨[4]주는 이들도 있지만, 대개의 경우 서구인은 낯선 이가 제 아이에게 접근하는 것을 그다지 좋아하지 않는다.

일반적으로 개인주의가 발달한 서구인은 되도록 타인과 거리를 유지하려고 한다. 예를 들어 같은 아파트에 사는 누군가가 파티를 한다고 밤늦게 소음을 낸다면, 한국 사람의 경우 그냥 참아주거나 아니면 직접 찾아가서 조용히 해달라고 할 것이다. 독일에서 이럴 경우 초인종이 울리고 문을 열면 그 앞에 경찰이 서 있는 경우가 많다. 굳이 얼굴 맞대고 싫은 소리 하기 싫다는 뜻이리라. 여기에는 분명 편한 맛이 있겠지만 인간미는 좀 없다.

1) 난처하다 : 이럴 수도 없고 저럴 수도 없어 처신하기 곤란하다.

2) 레즈비언(lesbian) : 여성 동성애자

3) 게이(gay) : 남성 동성애자

4) 넘기다 : 일이나 문제를 중요하게 생각하지 않고 그냥 지나치다.

튀니지[5]에 갔을 때의 일이다. 어느 유적 앞에서 아랍인이 쓰는 머릿수건을 하나 사서 네 살 먹은 우리 아이의 머리에 씌워 주었다. 같은 방향으로 걷던 한 튀니지 여인이 미적미적 눈치를 보더니, 갑자기 허리를 굽혀 우리 아이의 볼에 뽀뽀를 하고 지나간다. 우리는 타인이 이런 식으로 거리를 좁히고 들어오는 데서 외려[6] 진한 인간미를 느낀다. 서구인은 좀 다른 모양이다. 여행 가이드북을 보면 "현지인이 다가와서 아이를 쓰다듬더라도 놀라지 말라"는 투다.

이와 비슷한 체험을 가끔 한국에서도 한다. 어느 추운 겨울날 우리 아기를 끈에 달아 안고 가는데, 할머니 한 분이 달려와서는 "애, 감기 걸리겠다."며 내 점퍼의 지퍼를 올리신다. 얼떨결에 "애, 똑바로 기르라."며 야단을 맞는데, 옆에서 아내가 키득거리며 웃는다. 일본에서라면 있을 수 없는 황당한[7] 일인데, 자기는 이런 문화가 너무나 좋단다. 할머니니까 그랬지. 젊은 세대들은 더 이상 그렇게 하지 않을 게다. 이런 게 사라지는 건 아쉬운 일이다.

벤다이어그램[8]으로 표현하자면, 서구에서 개인들 간의 관계는 서로 접한 원들로 표시할 수 있다. 서로 접한 원들은 하나의 점만을 공유한다.[9] 반면 공동체 정서가 강한 동양에서 원들은 종종 서로 겹쳐져 교집합을 이룬다. 이 겹쳐진 부분이 인간미의 근원이 되기도 한다. 하지만 그 교집합에서 또한 남의 옷차림에 간섭을 하거나, 담배를 피우는 여자를 야단치거나, 트인[10] 장소에서 애정을 표현하는 이들에게 노골적으로 반감을 드러낼 권리가 나오기도 한다.

남의 사생활에 대한 지나친 관심도 거기서 비롯된다. 유학 중에 아침 일찍 기숙사에서 조깅을 하는데, 아는 유학생의 방에서 그와 여자 친구가 나온다. "안녕."하고 지나치려는데, 나를 불러 세운다. 얘기인즉, 여자 친구가 어제 두고 간 물건을 가지러 아침 일찍 들른 것일 뿐이란다. 그들이 그날 함께 잠을 잤든 안 잤든 내가 관심가질 만한 일은 아니다. 그런데도 그들은 내게 해명할[11] 필요가 있다고 느낀다. 아마 그 교집합이 계속 마음에 걸리는 모양이다.

한국에 살다 보면 주위에서 청하지도 않은 조언을 듣게 된다. "시집가라.", "장

---

5) 튀니지(Republic of Tunisia) : 북아프리카 지중해 연안에 있는 나라.

6) 외려 : '오히려'의 준말

7) 황당하다 : 말이나 행동이 참되지 않고 터무니없다.

8) 벤다이어그램(Venn diagram) : 부분집합, 합집합, 교집합 따위 집합 사이의 연산을 쉽게 설명하기 위하여 나타낸 도식. 영국의 논리학자 벤(Venn, J)이 고안하였다.

9) 공유하다 : 두 사람 이상이 한 물건을 공동으로 가지다.

10) 트이다 : 앞에 막힘이 없어 환하게 보이다.

11) 해명하다 : 어떤 문제에 대해서 이유나 내용을 풀어 밝히다.

가가라."는 말은 기본이고, "애 하나 더 낳으라."는 얘기까지 듣는다. 어떻게 보면 끈끈한 '인간적 애정'의 표현이지만, 다르게 보면 불필요한 '인격적 간섭'이다. 이때 괜히 "남의 일에 간섭하지 말라."고 했다가는, 곧바로 "우리가 남이냐?"는 볼멘소리[12]를 듣게 된다. 그때마다 '남'이라는 낱말이 지니는 두 가지 상이한[13] 의미를 설명해야 하는 피곤이 뒤따른다.

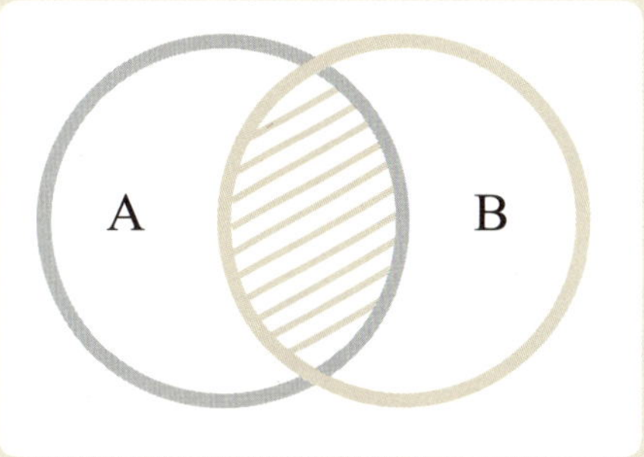

벤다이어그램의 교집합은 내가 내리는 결정에 주위 사람들이 개입할 권리를 의미하며, 내 삶에 주위 사람들이 왈가왈부할 자격을 의미하며, 내가 하는 행동을 주위 사람의 눈이 감시할 권한[14]을 의미한다. 한 가지 다행스러운 것은, 내가 남에게 양도하는[15] 이 권리만큼 남도 나에게 같은 양의 권리를 양도해야 한다는 것이다. 우리가 흔히 듣는 말, '세상, 너 혼자 사는 게 아니다.'라는 말은 바로 이 원칙의 단호한[16] 표명[17]이다.

12) 볼멘소리 : 불만이 있거나 화가 났을 때 하는 말.

13) 상이하다 : 서로 다르다.

14) 권한 : 일정한 범위 안에서 쓸 수 있는 권력이나 권리.

15) 양도하다 : 어떤 물건이나 권리를 남에게 넘겨주다.

16) 단호하다 : 결심이나 태도가 흔들리지 않고 분명하다.

17) 표명 : 의견이나 태도를 드러내어 밝힘.

• 글쓴이 소개

진중권(1963~)

서울대학교 미학과를 졸업하고 같은 학교 대학원에서 석사학위를 받았다. 독일 베를린 자유대학에서 미학, 해석학, 언어철학을 공부했으며, 귀국 뒤 시사평론가이자 미학자로 많은 활동을 했다. 주요 저서로 『춤추는 죽음』, 『미학 오디세이 1,2,3』, 『현대 미학강의』, 『놀이와 예술 그리고 상상력』 외 다수가 있다.

어휘 연습

1. 다음 단어의 의미를 골라 연결하십시오.

1) 접근하다 •	• 자기와 직접적인 관계가 없는 일에 끼어들다
2) 간섭하다 •	• 서로 느끼는 정이나 사랑이 아주 강하다
3) 끈끈하다 •	• 남의 일에 이래라 저래라 참견하다
4) 개입하다 •	• 어떤 것에 가까이 다가가다
5) 감시하다 •	• 통제하기 위해서 주의하여 지켜 보다

2. 빈칸에 공통으로 들어갈 단어를 쓰십시오.

바짝	굳이	되도록	얼떨결에	노골적으로

1) ㄱ. 하도 급하게 다그치는 바람에 그는 .... 승낙하고 말았다.
   ㄴ. 분위기에 휩쓸려서 무대에 올라가 .... 노래를 불렀다.

2) ㄱ. 모임에 나오기 싫으면 .... 안 와도 돼.
   ㄴ. 환불을 해줬는데 .... 소비자보호원에 신고까지 할 필요가 있겠어요?

3) ㄱ. .... 빨리 일을 시작합시다.
   ㄴ. 건강하게 살려면 .... 스트레스가 많은 일은 피하세요.

4) ㄱ. 그녀는 .... 다가서더니 귓속말로 소곤거렸다.
   ㄴ. 중요한 일이니까 실수하지 않도록 정신 .... 차려라.

5) ㄱ. 그 사람이 .... 나를 무시하는 투로 말해서 기분이 나빴다.
   ㄴ. 속마음을 너무 .... 드러내면 상대방이 당황해하는 수가 있다.

3. 다음 문제를 보고 답을 쓰십시오.

1) 다음 표현의 의미를 골라 연결하고 문장을 완성하십시오.

발을 빼다 •	• 힘을 모아 함께 일을 하다
머리를 맞대다 •	• 뜻을 같이 하던 사람과 관계를 끊다
손을 잡다 •	• 어떤 일을 더 이상 하지 않다
등을 돌리다 •	• 여럿이 함께 의논하다

❶ 세 사람은 ....고 계속 심각한 표정으로 무언가를 얘기하고 있었다.

❷ 이제까지 같이 해왔던 일인데 갑자기 ....으면/면 어떻게 해?

❸ 나에게 어려운 일이 있을 때 ....는/은/ㄴ 사람은 진정한 친구가 아니다.

❹ 남과 북이 함께 ....고 올림픽에 나간다면 훨씬 좋은 성적을 올릴 수 있다.

2) 다음 동사와 함께 쓸 수 없는 단어를 고르십시오.

..........................이/가 벌어지다.

- 상황 ☐
- 싸움 ☐
- 잔치 ☐
- 모임 ☐
- 술판 ☐

..........................을/를 드러내다.

- 반감 ☐
- 이 ☐
- 배 ☐
- 감정 ☐
- 결과 ☐

내용 이해

1. 글쓴이가 이 글을 쓴 이유는 무엇입니까? (　　)

❶ 서구에서 개인주의가 발달한 이유를 이야기하려고
❷ 타인에 대한 불필요한 인격적 간섭을 비판하려고
❸ 문화마다 쾌적하게 느끼는 거리가 다름을 보여주려고
❹ 한국인의 공동체 정서를 설명하려고

2. 다음은 이 글의 짜임을 정리한 것입니다. 빈칸에 알맞은 말을 넣으십시오.

처음
- 사람과 사람 사이의 거리는 문화마다 다르다.

중간
- 문화의 차이가 거리의 차이로 표현되는 예
  1) 손을 잡고 다니는 한국 여성
  2) 낯선 아이가 귀엽다고 다가서는 ....
  3) 아파트의 이웃이 소음을 낼 때
     한국인 : ....
     독일인 : ....
  4) 낯선 아이에게 뽀뽀하고 지나가는 ....
  5) 아이를 춥게 한다고 글쓴이를 야단 치는 ....

끝
- 벤다이어그램 교집합의 의미

  나의 결정에 주위 사람들이 개입할 수 있는 권리

  ....

  ....

3. 다음을 읽고 맞으면 ○표, 틀리면 ×표 하십시오.

1) 한국 여자들끼리 손 잡고 다니는 행동이 유럽 사람들에게는 자연스러워 보이지 않는다. (　　)
2) 개인주의 발달로 서구인은 타인과 어느 정도 거리가 필요하다고 생각한다. (　　)
3) 서구인들은 이웃과 문제가 생겼을 때 직접 나서서 해결하려고 한다. (　　)
4) 공동체 정서가 강할수록 타인에 대한 직접적인 감정 표현이 덜하다. (　　)

이야기해 봅시다

- 다음 〈가〉와 〈나〉는 어떻게 다릅니까? 여러분은 어느 쪽입니까?

〈가〉	〈나〉
내가 좋아하니까 그 사람도 마음에 들어하겠지.	사람들이 마음에 들어하니까 나도 좋아.
내가 배고프니까 다른 사람들도 배고플거야.	상대방이 고기를 좋아하니까 나도 고기를 먹어야지.
나한테 어려운 일이니까 저 사람한테도 어려울 거야.	저 사람이 인정해 줬어. 잘한 거야.
나는 성실하고 친절한 성격이고 요리가 취미이고 교육분야에서 일하고 있습니다.	저는 1남 1녀 중 장녀이고 광고회사에 다니고 있습니다. 서울에 살고 있고 나이는 30세입니다.
개인적으로 목표한 일을 성취했을 때 행복하다.	대학에 합격해서 부모님을 기쁘게 해드려 행복하다.

더 읽어보기

한국인의 관계 맺기

한규석 · 최상진

사람들은 주로 누구와 친해지는가? 우리는 일상에서 다양한 사람들을 만나지만 그들 모두와 친한 관계를 진행시키는 것은 아니다. 한 번 만난 사람들이 계속 관계를 진행시키는지, 그 관계가 어느 정도로 진행되는지 하는 것은 다양한 요인들의 복합적인 결과이다. 누구와 주로 친해지며, 만나서 주로 무엇을 하는가에 있어서 문화권별로 흥미 있는 차이가 관찰되고 있다. 친교 관계의 진행에 가장 큰 영향을 미치는 요인은 당사자들이 지니고 있는 능력이나 매력 따위의 개인적인 요소와 둘 사이의 연고라고 볼 수 있다.

개인주의 문화권에서 친교 관계의 성립을 좌우하는 중요한 자산은 개인의 능력, 매력, 화술 따위이다. 사람들 간의 교제는 상대방이 지니고 있는 속성에 대한 자신의 평가에 의해서 이루어지기 쉽다. 상대가 매력적이거나 유능하다는 인상을 갖게 되는 경우, 상대에 호감을 지니고 접근하며, 이러한 인상을 주고받으며 친소 관계가 진행된다. 따라서 그들은 자신이 사귀어 볼 만한 사람이라는 것을 남들에게 보일 필요가 있으며, 초면의 사람에게도 좋은 인상을 주도록 교육받는다. 이러한 탓에 미국인들은 상대가 누구이건 가볍게 접근하고 다양한 사람들과 친분 관계를 쌓아 간다. 미국의 중소도시에서 공원을 거닐어 본 한국인들은, 건너편에서 오는 사람이 건네는 인사말이나 미소에 익숙하지 않아서 상대가 자신에게 특별한 호감을 지니고 있어서 그러나 하고 오해하는 경우가 많다.

사람에 대한 평가가 외모, 성격, 자질 등 비교적 외형적인 특성에 기초하여 이루어지기 때문에, 이러한 특성이 열등한 사람의 경우 대인 관계에 큰 어려움을 느끼므로 대인 관계 개선을 위한 여러 가지 프로그램이 개발되고 운용되고 있다. 이러한 프로그램은 부끄러움을 덜 타게 한다든가, 인상 관리를 잘 할 수 있는 방법을 가르치거나, 혹은 화술을 훈련시키고 상대에 대한 감수성을 증진시키는 방법 등 관계의 테크닉 개발과 관련된 것들이 대부분이다. 이와 관련해서 볼 때, 서양에서 발달한 사회심리학의 중요한 주제로 인상 평가와 그의 관리에 대한 것이 일찍 연구되기 시작한 것은 우연이라고 볼 수 없다.

그러나 한국 사회에서 사람들의 관계 맺음은 당사자들의 작위적인 노력이나 매력보다는 연줄과 인연에 의해 많은 영향을 받는다. 예부터 농경사회로 정착생활을 해 온 우리 민족은 마을 밖의 사람들과 우호적인 만남을 가질 기회가 적었으며, 거의 모든 만남이 같은 마을에 거주하는 사람들과의 지속적인 만남이었다. 따라서 낯선 사람들과의 교류 양식 대신에 같은 마을 사람들과의 교류 양식이 발달하였다. 이 같은 오랜 문화적 자취가 오늘날과 같은 산업 사회에도 나타나고 있어, 두 사람이 동향 또는 동창이거나 같은 동네에 거주한다든가 하는 점들이 관계의 지속에 큰 영향을 준다. 이러한 요소의 공통점을 발견하게 되면 서로의 만남을 더욱 반갑게 여기고 인연이란 표현을 자주 쓴다. 이같은 경향성은 우리 사회에서 처음 만나 알게 된 사람들이 나누는 대화의 내용을 살펴보면 보다 분명히 드러난다. 우리는 첫 대면의 경우 항상 둘 사이를 연결해 줄 수 있는 사람을 찾는 행위를 보인다. 학연, 혈연, 지연 등에 의한 인맥 동원이 활발히 이루어지며, 이에 성공했을 때 관계는 보다 순조롭게 진전된다. 이같은 현상은 공식적이건 비공식적이건 모든 만남에서 나타나며, 특히 무엇을 부탁하려는 사람은 이 인맥 동원이 지니는 힘을 잘 알기에 더욱 애쓴다.

왜 그러한 현상이 나타나는가? 이는 한국 사회에서는 아는 사이(우리)와 모르는 사이(남)의 교류 양상이 큰 차이를 보이기 때문이다. 한국인들은 타인을 '우리' 또는 '그들'로 구분하는데, 여기서 '그들'은 중립적인 존재라기보다는 경쟁적이거나 부정적 감정이 연루된 타인으로 간주되는 편이다. 따라서 사람들은 모르는 사이를 아는 사이로 전환시키려 한다. 아는 사이에서는 양방이 우리라는 호칭을 사용하며 정감을 느끼는 관계로의 진행이 가능하기 때문이라고 볼 수 있다. 즉 아는 사이와 모르는 사이에 대하여 각기 다른 행동 규범을 지니고 있다. 사회에서 우리의 관계에 있는 사람들은 정(情)의 형성을 부추기는 방향으로 만남을 끌어가고 성원 개개인의 독자적인 행위보다는 우리라는 느낌을 강화시키는 집단적인 행위를 당연시한다. 그 좋은 예는 음식점에서 주문은 따로 하지만 한가운데 놓고 같이 덜어 먹으며, 계산도 각자 먹은 만큼 나누어 내기보다는 어느 한두 사람이 모든 계산을 하는 행태에서 볼 수 있다. 또한 여럿이 어울려 노는 경우 두세 명씩 짝을 지어 대화를 하기보다는 전체가 둘러앉아 노래하며 즐기는 행태도 그 예이다.

한국 사회에서 중요한 대인 관계는 그냥 아는 사람들과의 관계가 아니라 연고에 의해서 연결되는 내(內)집단 성원과의 관계이다. 이것은 마음에 안 든다고 해서 단절되는 관계가 아니라, 연줄로 연결되는 공통의 생활 공간에서 지속적인 관계를 유지하며 '정'이라는 심적 자원을 주고받으며 정을 쌓아가는 교류이다.

1. 한국 사람들의 관계 맺기에 영향을 가장 많이 끼치는 것은 무엇이라고 했습니까?

2. 위 글에서 '우리'라는 느낌을 강화시키는 한국 사람들의 집단적인 행위에는 어떤 것이 있습니까?

제6과 언어와 소통

1. 여러분은 대화를 할 때 말을 하는 편입니까? 상대방의 말을 듣는 편입니까?

2. 다음의 문장은 남자의 말입니까? 여자의 말입니까? 왜 그렇게 생각합니까?

(1) 요즘 많이 바쁘신가요?

(2) 나 다음 달에 유학 간다.

(3) 이거 드실래요?

(4) 어머, 이 옷 예쁘다.

(5) 밥은 먹었냐?

남자의 말, 여자의 말

CD: 06

장소원, 남윤진, 이홍식, 이은경

〈여성 발화어〉

여자들은 언어 사용에 있어서도 조용하고 현숙한[1] 자세, 전면에 나서기보다는 뒷바라지하는 자세를 미덕으로 삼고 있다고 할 수 있다. 이러한 여성 언어의 특징을 흔히 여성 특유어[2]라고도 부른다. 그만큼 여자들의 말은 여성어로 이름 붙여 분류할 만한 뚜렷한 특징을 가지고 있는 것이 분명하다.

국어에서도 여성어 내지는 여성 발화어[3]의 특징에 대한 연구가 이루어졌다. 여성어의 음운[4]적 특징으로는 두 가지를 들 수 있다. 첫째는 여성이 남성보다 경음을 더 많이 사용한다. 예를 들어 '다른 거'를 '따른 거'로, '작다'를 '짝다'로, '조금'을 '쪼끔'으로 발음하는 경향이 있다는 것이다. 둘째는 여성어에서 'ㄹ첨가' 현상이 많이 나타난다. '요걸로(요거로), 안 올래다가(안 오려다가), 아라볼라구(알아보려고)' 등이 그 예이다. 셋째는 억양 면에서 차이가 난다. 평서문[5]의 경우 남성은 짧고 급한 하강조로 끝나는 경향이 있는 데 반하여 여성은 다소 길고 완만하고 부드러운 억양 곡선을 그리는 경향이 있으며 때로는 의문법의 상승 억양이 쓰이기도 한다. 또한 의문사가 있는 의문문의 경우 하강조로 끝나는 것이 전형적인데 여성어에서는 끝이 다소 올라가는 경향을 보인다.

문법 · 담화[6]적 특징도 지적되었다. 첫째, 여성이 다변적[7]이라고 하는 것은 편견일 수 있다. 남성이 더 다변적인 경향도 지적된 바 있는데 남녀 혼성 집단일수록 여성은 침묵하며 친근 대화 상황일수록 여성은 다변적이다.

1) 현숙하다 : 여자의 마음이나 몸가짐이 현명하고 얌전하다.

2) 특유어 : 일정한 대상에만 특별히 있는 언어.

3) 발화어 : 실제 입으로 소리를 내어 하는 말.

4) 음운 : 말의 뜻을 구별해 주는 소리의 가장 작은 단위의 낱낱의 소리.

5) 평서문 : 화자가 문장의 내용을 객관적으로 진술하는 문장.

6) 담화 : 격식 없이 서로 나누는 이야기. 서로 이야기를 주고받음.

7) 다변적 : 말수가 많고 수다스러운 (것).

둘째, 남성은 여자의 말을 가로채거나 화제를 주도하거나 침묵을 지키면서 대화를 지배하고 경쟁적 대화를 추구한다. 그러나 여성은 '응, 그래, 맞아' 따위의 맞장구를 치거나 상대방 대화에 지원하는 반응을 보이며 상호 협동적인 대화를 추구하는 경향이 있다. 이와 관련하여 여성은 듣는 상대방의 말에 공감하고 있다는 것을 나타내는 경우가 많다. 예를 들어 '그래서?, 그런데?' 등으로 상대방의 화제에 대해서 관심을 표현하거나, '그러게 말야, 그럼' 등으로 상대방에 대한 동감을 표현하거나, '저런, 쯧쯧, 어쩌나?' 등으로 동정을 표현하거나, '참 잘됐다, 멋지다' 등으로 기쁨을 표현하거나, '어머나!, 정말?' 등으로 놀라움을 표현한다.

셋째, 여성은 망설이거나 자신 없는 듯한 말투를 구사하는[8] 경향이 있다. 이는 애매한 태도를 보이거나 발뺌을 하는 것으로 해석된다. '너 내 자전거 망가뜨렸구나, 그렇지?'와 같은 부가 의문문이나 '글쎄요, 몰라요, -하더라구요, -거 같아요' 등의 모호한 표현, '-지 뭐, -잖아요?' 등의 예가 이에 속한다.

넷째, 여성은 찬사를 남성보다 많이 하며, 주로 외모, 옷, 장식, 등에 대한 직설적[9] 찬사가 많다. 이에 반해 남성은 찬사가 드물며, 찬사를 할 경우에도 상대의 재주, 능력 정도에 국한된다.[10] 또한 표현도 '한턱내, 어쭈[11] 제법이야'처럼 익살스럽게 돌려서 말하는 경향이 있다.

다섯째, 여성은 남성에 비해 공손한 표현을 사용하는 경향이 있다. 예를 들어 '-해 주시지 않겠어요?, -해 주세요'와 같은 공손한 청유 표현을 사용한다거나 해요체를 사용한다거나 상승 억양의 평서법을 사용한다거나 하는 것은 여성 특유의 공손법을 이룬다.

여성이 사용하는 어휘에서도 특징이 나타난다. 첫째, 여성은 남성에 비해 축약된[12] 형태의 어휘를 많이 사용한다. 예를 들면 '그렇지'를 '그치', '그런데'를 '근데', '어쩌면'을 '어쩜', '-지요'를 '-죠', '-지 않아요'를 '-잖아요' 등으로 표현하는 경우가 많다.

둘째, 여성들은 지시사를 사용할 때 작고 귀여운 어감의 어휘를 선택하는 경향이 있다. '이것, 그것, 저것'을 '요것, 고것, 조것'으로, '여기, 거기, 저기'를 '요기, 고기, 조기'로, '이게, 그게, 저게'를 '요게, 고게, 조게'로 표현하는 경우가 많다.

셋째, 남성에 비해 여성은 감탄사나 감탄문을 현저하게 많이 사용한다. 여성이

---

8) 구사하다 : 마음대로 능숙하게 다루고 사용하다.

9) 직설적 : 숨기거나 꾸미지 않고 곧이곧대로 말하는 (것).

10) 국한되다 : 한계나 범위가 정해지다.

11) 어쭈 : 남의 잘난 체하는 행동이나 말을 비웃을 때 하는 말.

12) 축약되다 : 줄여서 간략하게 되다.

자주 사용하는 감탄사의 예로는 '어머나, 어머, 어머머, 어쩜, 아이, 아이참, 흥, 피이, 치' 등이 있다. 또한 여성은 '좀, 아마, 너무너무, 정말, 사실, 굉장히, 아주, 무지무지, 막, 참' 등 감성을 나타내는 부사도 많이 사용한다.

〈남녀 간의 대화〉

언어 사용에서 여자들 쪽이 더 조용하다는 것은 다른 방향의 관찰에서도 밝혀진 바 있다. 한 연구에서는 The New Yoker의 만화를 분석하여 남녀의 언어 사용에서의 차이를 측정하였는데 남자가 여자보다 말을 두 배로 많이 하였다고 한다. 그리고 주제에서도 차이가 있었는데 남자들은 주로 사업, 정치, 법률, 세금, 스포츠에 관한 것이었고, 여자들은 사회생활, 책, 음식, 생활상 등에 관한 것이었다.

남자와 여자가 한자리에 모여 대화를 나눌 때에도 몇 가지 흥미있는 차이가 드러나는 것으로 밝혀졌다. 일련의 연구(Zimmerman and West 1975, West and Zimmerman 1977, 1983)에서는 남의 말을 중간에서 가로채기하는 횟수를 측정하였는데 서로 아는 사람들끼리 모여 이야기하는 자리에서 가로채기가 일어난 경우를 성별로 조사하였다. 그 결과 동성 사이에서는 7회, 남자가 여자의 말을 가로챈 횟수는 46회, 여자가 남자의 말을 가로챈 횟수는 2회로 나타났다. 이는 남자들이 여자들이 이야기를 계속하도록 놓아두지 않기 때문에 생기는 현상이다.

이러한 현상은 실험실 조건에서 서로 모르는 사람끼리 이야기를 시켰을 때도 비슷하게 나타났다고 한다. 한 연구에서는 서로 모르는 남녀 대학생들을 무작위[13]로 짝을 지어 목에 걸린 마이크를 통해 이야기를 하게 하여 가로채기 현상을 관찰하는 실험을 하였는데 비슷한 결과로 나타났다. 낯선 사람에게 무례한 짓을 하지 않으려는 노력으로 가로채기를 자제하기[14]는 하였으나 총 28건 중 21건이 남학생들에 의해 행해졌다는 것이다.

또한 말과 말 사이의 공백[15] 시간을 측정한 결과에서도 차이가 드러나는 것으로 밝혀졌다. 한 사람의 말이 끝나고 다음 사람의 말이 시작될 때까지의 공백 시간을 측정하는 실험을 하였는데 그 결과 앞사람이 여자이고 뒷사람이 남자일 경우 그 시간이 더 길었다는 것이다.

가로채기와 공백에서 나타나는 현상은 어느 경우에나 남자가 대화의 주도권을 잡으려 한다는 것을 의미한다. 가로채기를 해서라도 자기가 하고 싶은 쪽으로 주제를 돌리는

13) 무작위 : 일부러 일을 꾸미지 않고 우연에 따라 이루어지도록 그냥 해 봄.

14) 자제하다 : 자기의 욕구나 감정을 억제하고 참다.

15) 공백 : 아무것도 없이 비어있는 상태.

것과 공백을 오래 두는 것은 결국 주도권을 잡기 위한 책략[16]으로 해석된다. 남의 말에 장단이나 맞추려면 공백을 둘 것도 없이 가볍게 몇 마디만 덧붙이면 되지만 자신이 주도권을 잡으려면 그 준비 기간으로서 공백이 길어질 수밖에 없는 것이다.

또 다른 연구(Fishman 1980,1983)에서는 세 쌍의 부부의 대화를 녹음하여 분석하였는데 질문을 한 횟수를 종합해 보면 여자가 263회, 남자가 107회로 나타났다. 질문이란 주의 환기의 한 방편[17]이기도 하고 맞장구의 한 수단이기도 하다. 결국 화제의 진행을 돕는 보조 수단인 것이다. 여자가 질문을 많이 한다는 것은 스스로 보조적인 위치를 지키려고 한다는 것을 뜻하는 것으로 지금까지 보아 온 여성의 특징을 다시 한 번 확인시켜 주는 것이다.

이 연구에서는 한 화제가 끝까지 지속되는 건수도 함께 조사하였는데 남자가 꺼낸 화제 28건은 모두 끝까지 지속되었지만 여자가 꺼낸 화제는 45건 중 17건만 지속되었다고 한다. 이는 여자들이 남자들의 이야기를 열심히 도와 준 반면 남자들은 여자들의 화제에 비협조적인 데다가 때로는 적극적으로 훼방[18]을 놓기도 하였다는 것을 의미한다.

이상의 결과를 보면 남녀 사이의 대화에서 제1선에 나서 주도권을 잡으려는 남자들의 태도와 제2선에서 보조적인 역할을 담당하려는 여자들의 태도는 여기저기에서 발견되는 꽤 일반화된 현상이며 성별에 의한 언어 차의 중요한 한 몫을 차지한다고 보아도 좋을 것이다.

16) 책략 : 어떤 나쁜 일을 하려고 하는 꾀와 방법.

17) 방편 : 그때그때의 형편에 따라 일을 쉽게 처리할 수 있는 수단과 방법.

18) 훼방 : 남의 일을 헐뜯고 방해하는 것.

• 글쓴이 소개

장소원

서울 출생, 서울대학교 국어국문학과 졸업(문학석사), 프랑스 파리 제5대학교 일반, 응용언어학과 졸업(언어학 박사), 현재 서울대학교 교수.

남윤진

서울 출생, 서울대학교 국어국문학과 졸업(문학박사) 현재 일본 동경외대 한국어학과 전임강사.

이홍식

강원도 태백 출생, 서울대학교 국어국문학과 졸업(문학박사), 현재 일본 동경 외국어대학 객원교수.

이은경

경상남도 마산 출생, 서울대학교 국어국문학과 졸업(문학박사), 현재 일본 동경 외국어대학 강사.

어휘 연습

1. 다음 단어의 의미를 골라 연결하십시오.

1) 가로채다 •	• 어떤 일을 주장하는 사람이 되어 이끌거나 지도하다
2) 주도하다 •	• 남의 말에 의견을 같이 하여 부추기거나 찬성하는 말을 하다
3) 맞장구치다 •	• 남이 말하는 중간에 끼어들어 말을 계속하지 못하게 하다
4) 장단을 맞추다 •	• 앞서 한 말에 몇 마디의 말을 더 보태다
5) 덧붙이다 •	• 상대방의 행동이나 생각에 맞추어 행동이나 말을 하다

2. 빈칸에 공통으로 들어갈 단어를 쓰십시오.

뒷바라지하다	추구하다	발뺌을 하다	모호하다	현저하다

1) ㄱ. 인간은 누구나 행복을 ....는/ㄴ다.
   ㄴ. 기업은 이윤을 ....는/은/ㄴ 것을 목표로 한다.

2) ㄱ. 그 여자는 남편을 ....느라 자신의 꿈은 포기했다.
   ㄴ. 평생 자식을 위해 ....어 주신/아 주신/여 주신 부모님께 감사 드린다.

3) ㄱ. 그 사람은 찬성하는지 반대하는지 분명히 밝히지 않고 ....는/은/ㄴ 태도를 보였다.
   ㄴ. 그 문장이 ....어서/아서/여서 작가의 의도를 정확하게 파악하기 어렵다.

4) ㄱ. 이번 세일 기간 중 백화점의 매출이 ....게 감소했다.

ㄴ. 새로운 수술법의 개발로 부작용이 ....게 줄어들었다.

5) ㄱ. 잘못을 인정하지 않고 ....으려고/려고 해서 더 화가 났다.

ㄴ. 그 직원은 자신은 몰랐던 사실이라며 ....었다/았다/였다.

3. 다음 문제를 보고 답을 쓰십시오.

1) 보기와 같이 연결하고 알맞은 단어를 골라 빈칸에 쓰십시오.

맞	• 장구치다	→	맞장구치다
	• 선보다	→	....
	• 벌이하다	→	....
	• 고소하다	→	....

덧	• 붙이다	→	덧붙이다
	• 칠하다	→	....
	• 셈	→	....
	• 이	→	....

❶ 요즘은 (   )는/은/ㄴ 부부가 많아 육아 문제가 심각하다.

❷ 그림을 그릴 때 자꾸 (   )면 오히려 망칠 수 있다.

❸ 초등학교 산수 시간에 (   )과/와 뺄셈을 배운다.

2) 다음의 감탄사를 넣어서 맞는 대답을 만드십시오.

'그러게 말야'　　'저런, 쯧쯧'　　'어머나!, 정말?'

❶ 가: 기획부의 박민수씨가 다리에 깁스를 했던데요.

나: ....

❷ 가: 한류스타 배우 배승헌이 인기가수하고 사귄대.

나: ....

❸ 가: 내년에는 경제가 좋아져야할 텐데...

나: ....

2) 다음 가운데 알맞는 감탄사를 골라 빈칸에 쓰십시오.

어머머	어쩜	아이참	흥

❶ 가: 두고 봐. 이번엔 꼭 너보다 좋은 성적을 받을 테니까.

나: .... 네가 아무리 열심히 해도 나를 이기기는 어려울 걸.

❷ 가: 옆집 아들은 맞벌이하는 엄마 대신 언제나 동생을 챙기지 뭐예요.

나: .... 그렇게 초등학생이 어른스러울까요?

❸ 가: 지금 이것 좀 도와주면 안돼요?

나: .... 나도 지금 정신없이 바쁜데...

내용 이해

1. 글쓴이가 이 글에서 설명하고자 하는 것은 무엇입니까? (　　)

❶ 남성언어의 유용성　❷ 남성언어와 여성언어의 차이점

❸ 여성언어의 우수성　❹ 남성언어와 여성언어의 유사점

2. 〈여성 발화어〉를 요약한 방식으로 〈남녀간의 대화〉를 요약해 보십시오.

〈여성 발화어〉

1. 음운적 특징

남성보다 경음을 더 많이 사용함. / 'ㄹ첨가' 현상이 많이 나타남.

2. 억양의 특징

평소문에서 다소 길고 완만하고 부드러운 억양이 나타남.

3. 문법 · 담화적 특징

친근 대화 상황에서 다변적임. / 상호 협동적인 대화를 추구함.

망설이거나 자신 없는 듯한 말투를 구사함.

찬사를 많이 함. / 공손한 표현을 사용함.

4. 어휘에서의 특징

축약된 형태의 어휘를 많이 사용함.

지시사를 사용할 때 작고 귀여운 어감의 어휘를 선택함.

감탄사나 감탄문, 감성을 나타내는 부사를 많이 사용함.

〈남녀간의 대화〉

1. 주제

2. 말을 가로채는 횟수

3. 말과 말 사이의 공백 시간

4. 질문을 하는 횟수

5. 한 화제가 끝까지 지속되는 건수

3. 다음을 읽고 맞으면 O표, 틀리면 X표 하십시오.

1) 의문사가 있는 의문문의 경우 보통 끝에서 억양이 내려간다. (　　)

2) 사람들은 보통 아는 사람하고 이야기할 때 남의 말을 더 많이 가로챈다. (　　)

3) 여성은 대화의 주도권을 잡기 위해 질문을 많이 한다. (　　)

이야기해 봅시다

- 다음 대화는 의사소통이 잘 이루어지지 않는 경우입니다.
  네 개의 대화 중 하나를 골라 무엇이 문제인지 생각해 보고 원활한 의사소통을 위해 어떻게 하면 좋을지 이야기해 봅시다.

1) 가: 저도 생각이 있고, 제 인생에 대해서 고민하고 있어요.
   나: 너 같은 놈이 무슨 생각이 있어? 생각한다고 해도 썩어빠진 생각이나 하고 있겠지.
   가: 그래요. 전 썩어빠진 놈이에요. 그러니까 저한테 어떤 것도 강요하지 마세요.

2) 가: 니가 왜 영화배운지 뭔지 하는 여자애 차를 고쳐주고 돈을 내? 너는 차도 없으면서.
   나: 엄마, 그게 다 투자야.
   가: 시끄러! 너 집에서 밥이나 먹고 돌아다니지 말고 집에 처박혀 있어.
   나: 투자라니까, 엄마.
   가: 투자같은 소리, 투자는 무슨 투자!

3) (차를 타고 가는 중에)
   아내: 커피 한잔 할래요?
   남편: 아니, 지금은 생각 없어.
   (잠시 후 아내의 기분이 좋지 않음을 눈치 채고)
   남편: 무슨 일이야? 뭐 잘못된 거 있어?
   아내: 아무 일도 없어요!
   남편: 그럼, 뭐가 문제야?
   아내: 당신이 차를 세우려 하지 않았잖아요!

4) 아내: 무슨 골치 아픈 일이 생겼죠? 그게 뭐예요?
   남편: 아무 것도 아니오.
   아내: 아무 것도 아니긴 뭐가 아니에요. 분명히 무슨 문제가 있는 것 같은데. 당신 기분이 왜 그래요?
   남편: 난 아무렇지도 않다니까. 자, 이제 나를 좀 혼자 있게 내 버려둬요!
   아내: 당신, 어떻게 나한테 이럴 수가 있어요? 말도 하고 싶지 않다 이거예요? 당신이 말을 안 하는데, 당신 기분이 어떤지 내가 어떻게 알아요? 당신 이러려면 결혼은 왜 했어요? 당신 혼자 살지.
   남편: 으악! 제발 나 좀 내버려둬!

(출처 : 의사소통의 기법, 구현정 전영옥)

더 읽어보기

관심과 애정이 담긴 질문이 소통을 살린다

하지현

진정한 관심을 갖고 질문하라

질문을 하는 사람이나 듣는 사람 모두에게 유익한 좋은 질문을 해서 나와 그의 진심을 흔들기 위해서는 다음과 같은 사항을 숙지할 필요가 있다. 첫째, 상대방에 대해 진정한 관심을 갖고, 진심으로 그에 대해 더 잘 알고 싶다는 태도를 갖는다.

비평과 비난의 차이가 사랑이 있고 없음이라는 말이 있다. 사랑이 없이 상대의 잘못에 대해 얘기를 하면 그저 비난이 될 뿐이지만 애정을 갖고 진심어린 직언을 하는 것은 비평이 된다는 말이다.

질문도 마찬가지다. 아무리 날카롭게 폐부를 찌르는, 아픈 곳을 건드리는 질문을 던진다 하더라도 진정한 관심과 애정을 갖고 있기 때문에 그렇게 했다는 것이 밝혀지면 도리어 고마워하게 되는 것이 인간이다.

그런 애정과 관심을 갖고 있다는 사실을 상대방이 인식하도록 하기 위해서는 상대방의 말을 일단 끝까지 잘 듣는 것이 중요하다. 그런 다음 그가 미처 생각하지 못하고 있던 다른 부분들과 관련해서 지금의 문제에 대해 질문을 해본다. 또 내가 지금 이 상황이라면 어떨까라는 관점에서 상대방의 상황을 이해하고 그 이해 하에서 궁금한 점, 빠진 점 등을 질문한다.

깊은 공감에서 우러나오는 질문을 던질 때, 그러한 질문은 상대방의 속내까지 단번에 침투할 에너지를 얻는다. 공감을 통해 잠시 상대방의 마음속에 들어가 볼 수 있고, 그의 마음을 이해하면서 동시에 내 안의 마음과 그의 마음이 뒤섞인다. 그 두 마음이 섞이는 과정을 거치면서 내 관점과 경험이 섞인 그의 문제를 보게 된다. 이는 참신한 관점과 해법을 찾을 기회가 된다.

그처럼 애정 어린 질문은 상대방이 혼자서는 문제를 풀어내지 못하고 매번 똑같고 답답한 결론만 내면서 다람쥐 쳇바퀴 돌듯이 맴도는 악순환의 고리를 끊어준다. 가장 좋은 질문은 그 질문을 들은 사람이 미처 생각지 못한 것을 생각해내고 혼자서 해답을 찾아낼 수 있도록 물꼬를 터 주는 상쾌하면서도 통쾌한 물음인 것이다.

대답에도 배려가 필요하다

좋은 질문을 하는 것만큼 좋은 응답을 하는 것도 중요하다. 그러기 위해서는 일단 질문을 끝까지 들어야 한다. 아무리 뻔한 질문이라 하더라도, 미리 속단을 하지 않으려고 노력해야 한다. 그것이 내가 그의 질문에 관심을 갖고 있음을 보여주는 첫 번째 단계다.

그리고 아무리 바보 같아 보이고 지금의 상황에 맞지 않는 것 같은 질문을 받았다 하더라도 일단은 마음을 비우라. 전향적이고 긍정적인 자세로 '그가 왜 지금 여기서 이런 질문을 하는 것인지' 상대방의 입장에서 생각해 본다. 이러한 노력을 의식적으로 하지 않으면 상대방의 심중을 간파하지 못하고 자동적으로 '바보 아니야.'라는 경멸적인 반응을 보일 위험이 있다.

상대방의 입장에 서서 그의 의도를 파악한 후 먼저 그 질문에 대해 나름대로 정리해서 되물어봄으로써 질문의 내용과 의도를 명확히 확인해야 한다. 그러고 난 후 나름대로 현재 가능한 수준에서 정리된 답변을 하고, 현실적인 대안을 제시할 수 있으면 좋다.

모든 질문 안에는 질문자 나름의 답이 들어있다. 그리고 많은 질문은 자신이 생각한 그 대답을 남의 입을 통해 듣기 위해서 물어 보는 확인 절차인 경우가 많다. 비록 그 대답을 내가 의식하지 못한다 하더라도 마찬가지다.

한 번 오고가는 좋은 질문과 응답은 열 마디의 주옥같은 설교와 설득보다 강한 힘을 갖는다. 나아가 소통의 믿음을 증진시키고 상대의 믿음을 증진하고 상대방에 대한 진심어린 관심을 표명하며 같은 울타리 안에 있음을 확인할 좋은 길이 된다.

"좋은 질문은 힘이 세다."

오늘 하루 나는 몇 번이나 질문을 했을까? 한 번 세어보자. 생각보다 의미 있는 질문의 횟수는 많지 않을 것이다.

1. 가장 좋은 질문은 어떤 질문입니까?

2. 좋은 질문과 응답의 장점을 정리해 보십시오.

제7과 생각을 나누는 대화

1. '모성'과 '사랑'은 인간이 태어날 때부터 갖고 있는 것입니까? 문화적으로 학습된 것입니까? 이야기해 봅시다.

2. 사람들이 '입양'이나 '헌혈'을 하는 이유가 무엇인지 이야기해 봅시다.

CD: 07

이기적 유전자를 넘어

도정일 우리 대담에서 핵심적인 두 가지 화두는 '인간 본성'과 '인간 행동'입니다. 생물학이 말하는 인간 본성론과 행동론, 그리고 인문학이 생각하는 인간관이죠. 인문학에는 통일된 인간관 같은 건 사실상 없습니다. 문을 가능한 한 열어 놓고 다양한 탐구, 설명, 설득이 백가쟁명[1]으로 나오게 하는 것이 인문학의 관심사입니다. 물론 거기에는 생물학적 통찰도 포함됩니다. 그래서 내가 자꾸 그러죠. 오늘날 생물학의 발견을 참작하지[2] 않는 인문학적 인간론이란 불가능하다고 말이죠.

예를 들면 조직적인 '언어'는 사실 인간과 동물을 갈라놓은 거대한 분수령[3]인데, 그 언어란 게 전적으로 문화적 산물만은 아니거든요. 말을 할 수 있는 능력 자체는 문화적 구성물이 아니라 생물학적으로도 주어진 겁니다. 턱 모양, 치아, 혀의 구조가 조금만 달랐더라도 인간은 언어를 발전시키지 못했을 거예요. 그러니까 말할 수 있는 능력 자체는 생물학적으로 주어진 것이죠. 그러나 그 생래적인[4] 보편적 능력 위에서 인간이 언어를 발현시키는[5] 꼴은 천차만별입니다. 그래서 세계에는 6000개 이상의 다양한 언어들이 있습니다. 소멸한 언어들까지 합치면 인간이 만든 언어는 1만 개 이상일 겁니다. 입양의 경우에도 생물학적 근거와 문화적 근거가 따로 있지 않을까 싶어요.

최재천 그런데 이런 점은 있습니다. 제가 오랫동안 생각해본 건데요. 입양을 하는 것처럼 튀는 행동도 드물 거예요. 분명히 미국사람이 동양계 아이를 데리고 다니면서 참 잘해줄 경우, 이것이 나쁜 말로 하면 전시 효과가 엄청난 행동이라는 것이죠.

도정일 사회적 인정의 효과죠. 세금 감면이나 각종 특혜 같은 것도 있죠.

최재천 예, 바로 사회적 인정의 효과예요.

도정일 입양이 '튀는' 행동일 때도 있지만, 문화적 '순응'일 때도 있습니다. 어떤 교회 공동체가 있는데 거기서는 입양이 '미덕'으로 칭송받는다고 합시다. 그러

1) 백가쟁명 : 많은 학자나 문화인 등이 자기의 학설이나 주장을 자유롭게 발표하여 논쟁하고 토론하는 일.

2) 참작하다 : 여러 가지 사정을 고려하다.

3) 분수령 : 사물을 구별하는 기준이 됨을 비유적으로 이르는 말.

4) 생래적이다 : 태어날 때부터 가지고 나오다.

5) 발현시키다 : 속에 있는 것이 밖으로 나타나게 하다.

면 그 교회에 나오는 사람들은 자기 공동체의 규범을 따르는 것이 칭찬도 받고 사회 활동을 하는 데도 더 유리하니까 별로 마음이 내키지는 않지만 "에라[6], 나도 한국 아이 하나 데려다 키우자." 이러고 나설 수 있죠. 이런 경우는 튀는 행동이 아니라 오히려 순응입니다.

사회학에서 '타인지향적'이니 '외향적'이니 하고 말하는 경우가 거기 해당할 것 같아요. "남들이 하니까 나도 한다."죠. 그런가 하면 남들이야 어떻게 행동하든 상관없이 자기 신념과 가치관에 따라 입양하는 이른바 '내향성' 행동도 있을 겁니다. 이런 경우는 아마 남들 눈에 '튀어'보이겠죠. 그러나 내향성 행동은 외부의 영향을 덜 받으니까 주변 환경에 변화가 있어도 시종 꿋꿋할[7] 것이고, 외향성 행동파들은 외부로부터의 인정, 칭송, 이익 같은 것에 변화가 발생하면 애들을 학대하거나 다시 내다버리기도 할 거예요. 이 경우 학대는 생물학적, 본능적인 것이 아니라 여전히 문화적인 태도 변화죠.

최재천 사회생물학에서 큰 주류를 꼽으라면, 물론 다윈[8]의 이론으로부터 출발하는 게 사회생물학이지만, 그 다음에는 해밀턴의 혈연선택(kin selection) 이론[9]이에요. 그 이론은 "유전자를 공유하는 것들끼리 서로 도우면서 사회행동이라는 것이 생겨났다."고 설명합니다. 그러면 유전적으로 서로 관계가 없는 개체들 간에는 어떻게 이타주의적인 행동이 진화했느냐 하는 문제가 남죠. 그래서 나온 것이 트리버즈의 상호호혜(reciprocal altruism)이론[10]입니다.

이를테면 우리가 헌혈을 하고 나서 헌혈했다는 사실을 말하고 싶어서 입이 간질간질한 이유는 "나는 남에게 헌혈할 줄 아는 사람이다."라는 평판을 기대하기 때문이라는 겁니다. 물론 계산적으로 그렇게 한다는 것은 아니지만요. 이런 관점에서 보면 내가 남의 자식까지 데려다 키울 수 있다는 것은 좋은 사회적 평판을 얻는 데 굉장히 도움이 되는 일이죠. 다민족

6) 에라 : 더 이상의 노력을 하지 못할 때, 자포자기적인 상황에서 내는 감탄사. '에라, 모르겠다' 와 같이 사용.

7) 꿋꿋하다 : 사람의 기개, 의지, 태도나 마음가짐 따위가 매우 굳세다.

8) 다윈(Charles Robert Darwin, 1809. 2. 12~1882. 4. 19) : 생물진화론을 주창한 영국의 생물학자.

9) 혈연선택이론 (kin selection) : 다윈의 자연도태론에 반(反)하는 자연진화론. 꿀벌의 사회를 보고 1964년 영국의 W. D. 해밀턴이 발견하여 제시한 이론. 자기를 희생해서 자기가 속한 집단의 번식을 도와 혈연의 유지에 기여하는 것.

10) 트리버즈의 상호호혜이론 : 1970년대 초 로버트 트리버즈가 밝힌 이론. 겉보기에는 이타주의적인 많은 행동들이 사회적 맥락에서 따져보면 합리적 이기주의임을 밝히는 이론.

국가에서는 훨씬 더 높이 평가될지도 모른다는 생각도 듭니다.

요즘에는 텔레비전에서 장애 아이를 데려다가 키우는 부모들을 많이 보여주더라고요. 우리 사회도 그런 행동들을 언론에서 대대적으로, 그리고 지속적으로 홍보하면 입양하는 사람들이 늘어날 겁니다.

그것은 결국 자기의 평판, 사회적인 평가를 높이는 데 굉장한 공헌을 할 겁니다. 그런 효과가 분명히 있을 것 같은 생각이 들어요.

그런 평판이 중요한 이유는 만일 내가 함께 손잡을 사람을 선택할 때 헌혈차를 보면 아예 멀찌감치 돌아가는 사람보다 제 발로 걸어가서 헌혈하는 사람, 그리고 그보다 더, 남의 아이를 입양해서 평생 돌봐주는 사람을 택하고 싶기 때문이죠. 나도 그런 사람을 원하고 남도 내가 그런 사람이면 나를 더 원하겠죠. 이것이 상호호혜 집단입니다.

도정일 입양이니 헌혈이니 하는 이타적 행동이 결국은 '나'의 액면 가치[11]를 높여주는 거니까 한다고 말하면 이타적 행동도 '이기적 계산'에 의한 것이 됩니다. 호혜적 이타성 이론은 동네 목욕탕에 가면 그 진수[12]를 볼 수 있어요. 서로 등 밀어주기 말입니다. "내가 네 등을 밀어주면 너도 내 등을 밀어주겠지."라는 거죠. 나는 열심히 밀어줬는데 상대방이 자기만 씻고 나가버리면 "뭐, 저런 인간이 있어?"가 되고 더 심하면 "저건 인간도 아니야!"가 됩니다. 사회적 평판에 일대 손해가 발생하는 거죠. 이게 사람들이 서로 도와줄 때의 일반적 도덕률[13]입니다. 그 도덕률을 따르는 것이 사회적 생존에 더 유리하죠. 그래서 그런 행동을 강화하는 쪽으로 자꾸 프리미엄[14]이 붙고, 이런 피드백[15]이 쌓여서 유전 정보에도 영향을 준 것이라는 소리가 되나요?

그런데 재미있는 현상이 있어요. '서로 등 밀어주기'는 남탕에서보다는 여탕에서 더 많이 일어납니다. 여탕에 들어가 봤느냐? 꼭 들어가 봐야 압니까?(하

11) 액면가치 : 화폐 따위에서 적혀있는 그대로의 가치.

12) 진수 : 사물이나 현상의 가장 중요하고 본질적인 부분.

13) 도덕률 : 모든 사람의 실천적 행동기준으로 생각할 수 있는 법칙.

14) 프리미엄 : 실제 가치보다 좀 더 가치를 높이 붙여 주는 것.

15) 피드백 : 진행된 행동이나 반응의 결과를 본인에게 알려 주는 일.

하하) 이런 얘길 왜 하느냐 하면, 육체적으로나 사회적으로 약자일수록 호혜 성향이 더 높다는 소릴 하고 싶어서입니다. 커뮤니케이션의 경우에도 그래요. 남탕에서는 한증막에 같이 앉아 있어도 모르는 사람끼리는 좀체 대화가 트이지 않죠. 그러나 여탕 사우나실에서는 모르는 여자들끼리도 순식간에 이야기꽃이 피거든요. 안 들어가 봤지만 다 압니다. (하하하)

〈중략〉

그런데 어떤 사회적 보상이 주어지면 인간이 이타적 방향으로 행동을 바꿀 수 있다고 했을 때 그 바꾸기, 또는 바꿀 수 있는 성향조차도 자연적인 것인가요?

최재천 그건 아닙니다.

도정일 유전자의 이기성으로는 설명이 되나요?

최재천 예, 유전자는 계속 이기적이죠. 그런데 그런 유전자 중에서 평판을 걱정할 줄 아는 유전자, 또는 남을 도우면서 살겠다는 유전자를 조금이라도 가진 사람들이 더 많이 번식할 수 있게끔, 더 많이 성공할 수 있게끔 사회적인 분위기를 조성해 놓으면, 당대에 그런 사람들이 많아져서 우리 사회가 갑자기 좋아지진 않더라도 그들이 더 많이 번식[16]하게 되어 그런 유전자가 전체 유전자 군에서 차지하는 비율이 점점 높아질 수 있겠죠.

16) 번식 : 생물이 개체를 늘이고 많이 퍼지게 하는 것.

• 글쓴이 소개

도정일(1941~)

하와이대학 유학을 거쳐 1983년부터 경희대학교 영어영문학과 교수로 재직하고 있다. 문학, 문화, 사회에 관한 이론적인 글들과 평문들을 발표하고 있으며, '책 읽는 사회 만들기 국민운동'의 공동대표로 시민운동을 벌이고 있다. 지은 책으로 「시인은 숲으로 가지 못한다」 등이 있다.

최재천(1954~)

서울대학교 동물학과를 졸업하고, 하버드 대학교에서 생물학 박사학위를 받았다. 2009년 현재 이화여자대학교 에코과학부 교수로 재직 중이다. 지은 책으로는 「생명이 있는 것은 다 아름답다」, 「여성시대에는 남자도 화장을 한다」, 「곤충과 거미류의 사회행동의 진화」, 「곤충과 거미류의 짝짓기 구조의 진화」, 「개미 제국의 발견」 등이 있다.

어휘 연습

1. 다음 단어의 의미를 골라 연결하십시오.

1) 평가하다 •	• 가치를 깎아내려 대수롭지 않게 여기다
2) 칭송하다 •	• 남의 잘못이나 결점을 잡아서 나쁘게 말하다
3) 폄하하다 •	• 잘했다고 말하다
4) 인정하다 •	• 확실히 그렇다고 여기다
5) 비난하다 •	• 사물의 가치나 수준 따위를 헤아리다

2. 빈칸에 공통으로 들어갈 단어를 쓰십시오.

좀체	전적으로	시종	멀찌감치	아예

1) ㄱ. 추위가 .... 풀릴 줄을 모른다.
   ㄴ. .... 웃지 않던 네가 이렇게 환하게 웃다니!

2) ㄱ. 그 사람과 같이 걷고 싶지 않아서 .... 떨어져서 걸어갔다.
   ㄴ. 지하철에서 자리를 양보하고 나서 상대방이 불편해할까 봐 .... 물러 섰다.

3) ㄱ. 그는 .... 똑같이 말없이 앉아 있다.
   ㄴ. 그는 지금까지 사귄 사람중에서 .... 변함이 없는 사람이다.

4) ㄱ. 그 일에 대해서는 모든 걸 .... 나에게 맡겨도 돼. 걱정하지마.
   ㄴ. 그 사고에 대한 책임은 .... 나에게 있다.

5) ㄱ. 나는 그와는 .... 말도 하고 싶지가 않다.
   ㄴ. 그 사람과 결혼을 할 거면 .... 나와는 인연을 끊자.

3. 다음 문제를 보고 답을 쓰십시오.

1) 다음을 연결하고 알맞은 단어를 골라 빈칸에 쓰십시오.

이야기꽃을 피우다 •	• 이야기판이 재미나고 이야기가 즐겁다
마음이 내키다 •	• 어떤 말을 하고 싶어 참기가 어렵다
입이 간질간질하다 •	• 하고 싶은 마음이 생기다

❶ 그 사람에게 빨리 말을 하고 싶어 ....

❷ ....지 않으면 그 일을 하지 않아도 된다.

❸ 오랜만에 만난 동창생들과 시간가는 줄 모르고 ....었/았/였다.

2) 다음을 연결하고 알맞은 단어를 골라 빈칸에 쓰십시오.

백가쟁명 •	• 여러 가지 사물이 모두 차이가 있고 구별이 있음
천차만별 •	• 많은 학자나 문화인 등이 자기의 학설이나 주장을 자유롭게 발표하여, 논쟁하고 토론하는 일

❶ 요즘 핸드폰은 모양과 색이 모두 ....이어서/여서 고르기가 어려울 정도다.

❷ 이번 학회에서는 ....이라고 표현해도 좋을 만큼 다양한 의견들이 쏟아져 나오고 있다.

내용 이해

1. 위 글은 무엇에 대해 대담을 하고 있습니까? (　　　)

❶ 인간의 이타적 행동　　❷ 인간 본능의 충동성

❸ 유전자의 학문적 의미　　❹ 유전자의 존재 유무

2. 다음은 이 글의 짜임을 정리한 것입니다. 빈칸에 알맞은 말을 넣으십시오.

인간 ....과 인간 ....

도정일　오늘날 생물학의 발견을 생각하지 않는 인문학적 인간론이란 불가능하다.
　　　　입양의 경우에도 ....

최재천　나쁜 말로 하면 입양은 ....

도정일　입양은 사회적 인정의 효과다.

최재천　그렇다.

도정일　입양은 '튀는' 행동일 때도 있지만, ...

최재천　사회생물학에서 큰 주류는, ...의 이론으로부터 출발한다.
　　　　〈트리버즈의 상호 호혜 이론〉에 의하면, 사람들이 남을 돕는 이유는
　　　　..................

도정일　이타적 행동도 ....
　　　　사회적 보상 때문에 인간이 이타적 방향으로 행동을 바꾸는 성향이 자연적인가?

최재천　그건 아니다.

도정일　유전자의 이기성으로 설명이 되나?

최재천　유전자는 계속 이기적이지만, 유전자 중에서 ....,
　　　　또는 ....을/를 가진 사람들이 많아지도록 사회적 분위기를 조성해야 한다.

3. 다음을 읽고 맞으면 O표, 틀리면 X표 하십시오.

1) 말할 수 있는 능력 그 자체는 생물학적으로 태어날 때부터 주어진다. (　　)

2) 입양은 전시효과가 큰 행동이라고 할 수 있다. (　　)

3) 인간이 선행을 하는 것은 인간의 본성 때문이다. (　　)

이야기해 봅시다

- 두 사람이 짝이 되어 사회에서 볼 수 있는 이타적인 행동에는 어떤 것이 있는지, 왜 그런 행동을 하는지에 대해 이야기해 봅시다.

더 읽어보기

기쁨은 내 안에 있는 것

– 행복에 대하여

최인호 스님, 오랜만에 뵙습니다. 그간 평안하셨습니까? 얼마 전 스님에 관련된 텔레비전 프로그램을 보니까 천식으로 고생하신다 해서 가슴이 아팠는데, 요즘은 좀 어떠신가요?

법 정 네, 최 선생. 오랜만에 뵈니 반갑습니다. 아직도 새벽이면 기침이 나오는데 전보다는 많이 가벼워졌어요. 나는 몸의 다른 부분은 건강하고 아무 탈이 없는데 감기에 잘 걸리고 호흡기가 약해요. 기침이 나오면 자다가도 깨어서 앉아야 하는데, 그때는 낮에 참선하고 경전을 읽는 시간보다 오히려 정신이 아주 맑고 투명해집니다. 그래서 기침 덕에 이런 시간을 갖게 되는구나 생각하며 오히려 감사할 때가 있습니다.

또 얼마 전부터는 기침 때문에 깼을 때 차를 마시고 있는데 새벽녘에 가볍게 마시는 차 한 잔이 별미더군요. 나 사는 곳은 전기가 들어오지 않아 촛불을 켜는데요. 불빛을 사발로 가려놓고 은은한 빛 속에서 향기로운 차를 마십니다. 최 선생도 글쓰기 전에 그렇게 마음을 정리하는 시간을 더러 가져보세요. 촛불 켜놓고 편한 자세로 아무 생각 없이 기대앉아 있으면 아주 좋아요. 텅 빈 상태에서 어떤 메아리가 울려오기 시작합니다.

내가 사는 곳은 지대가 높은 곳이라 최근에야 얼음이 풀렸는데, 새벽녘 시냇물 소리에 귀를 기울이고 있으면 맑고 투명한 이 자리가 바로 정토淨土요 별천지구나 싶어 고맙다는 생각도 듭니다. 기침 덕에 좋은 경험을 하고 있는 것이지요.

이렇게 행복이란 밖에 있는 게 아니라 내 안에 늘 있습니다. 내가 직면한 상황을 어떻게 받아들이느냐에 따라서 고통이 될 수도 있고 행복이 될 수도 있겠구나 하는 생각이 들었습니다. 전에는 기침이 나오면 짜증이 나고 심할 땐 진땀까지 흘렸지요. 어떻게 이 병을 떼어낼까만 생각했는데, 지금은 모처럼 나를 찾아온 친구를 살살 달래고 있습니다. 함께 해야 하는 인연이니까요. 기침

YONSEI KOREAN READING 5

이 아니면 누가 나를 새벽에 이렇게 깨워주겠느냐 생각하니 그것도 괜찮아요. 다 생각하기에 달려 있지요.

최인호 저도 한 10년 전부터 당뇨를 앓고 있는데요. 처음에는 당황도 되었지만 '이 기회에 청계산에나 다니자.'해서 지금은 거의 10년째 매일 산에 오르고 있습니다. 당뇨가 없었더라면 산에 안 다녔겠지요. 석 달에 한 번씩 병원에 가는데 의사가 "당뇨 때문에 남들보다 더 오래 사시겠습니다."하더군요.

처음에는 일주일에 한 번 정도 가야지 생각했는데 직장에 구애 받는 사람도 아닌데 매일이면 어떤가 해서 매일 가게 되었죠. 그렇게 다니기 시작한 것이 벌써 10년이네요. 신문에 연재 소설을 쓸 때 "1천 회 연재라니 대체 그걸 어떻게 쓰십니까?"라고 묻는 사람들이 있었지요. 하지만 처음부터 1천 회를 쓰는 게 아니지요. 1천 회를 생각하면 숨 막혀서 못 써요. 침착하게 1회 1회 쓰다 보면 1천 회가 되는 거지요. 1회 쓸 때는 1회만 생각하고, 2회를 쓸 때는 2회만 생각하고요.

청계산도 그런 식으로 다녔습니다. 지금은 자연스러운 습관이 되어버렸는데, 비가 오나 눈이 오나 그냥 아무 생각 없이 산에 갑니다. 어떤 뚜렷한 목적이 있다면 10년이나 못 다녔죠. 심장 박동이 빨라지며 격렬하게 호흡하고 땀을 흘리는 것, 저는 그걸 정말 좋아해요. 아침 일곱 시 반에 집을 나가 여덟 시쯤 산에 오르기 시작해서 한 시간 15분 가량 등산을 하는데 이제는 소문이 나서 알아보고 인사를 건네는 분도 많아요.

눈 올 때 청계산에 가 보면 설악산이 따로 없어요. 스님 말씀대로 모든 게 생각하기 나름이에요. 30분만 달려가면 설악산 못잖은 멋진 산이 있으니 얼마나 좋은지요. 나는 청계산 주지다, 청계산은 내 산이다 생각하며 산을 오르는데 참 행복합니다. 행복이란 받아들이기 나름이란 스님 말씀에 전적으로 동의합니다.

법 정 그렇습니다. 행복이란 어디 먼 곳에 있는 게 아니지요. 우리에겐 원래 행복할 수 있는 여러 조건이 있고, 상황을 어떻게 받아들이느냐에 따라서 그것은 고마운 일이 될 수도 있고 불만스러운 일이 될 수도 있습니다. 소욕지족 少欲知足, 작은 것을 갖고도 고마워하고 만족할 줄 알면, 행복을 보는 눈이 열리겠지요. 일상적이고 지극히 사소한 일에 행복의 씨앗이 들어 있다고 생각됩니다.

최인호 행복의 기준이나 삶의 가치관도 세월에 따라 변하는 것 같습니다. 저도 젊었을 때는 남보다 많이 성취하거나 소유할 때 행복이 오는 줄 알았는데 가

톨릭 신자로 살다 보니 그런 것만도 아니더라고요. 예수 그리스도는 마음이 가난한 자는 복이 있다, 슬퍼하는 사람은 행복하다, 이런 말씀을 하셨는데 처음 들었을 때는 대체 무슨 얘긴가 했어요. 지금은 '마음이 가난한 자는 행복하다.'라는 말을 참 좋아합니다. 가난 자체가 행복한 것은 아니죠. 사실 빈곤과 궁핍은 불행이잖습니까. 마음이 가난하다는 말은, 행복이란 마음에서 비롯된다는 의미인 것 같습니다. 같은 온도에도 추워 죽겠다고 생각하는 사람이 있는 반면 정신이 번쩍 들도록 서늘하다고 느끼는 사람이 있으니까요. 모든 것은 마음에서 나오지만 특히 행복은 전적으로 마음속에 있는 것 같습니다.

작고 단순한 것에 행복이 있다는 진리를 요즘 절실하게 느끼고 있습니다. 피천득 선생님의 글에 '별은 한낮에도 떠 있지만 강렬한 햇빛 때문에 보이지 않을 뿐'이라는 내용이 있지요. 밤이 되어야 별은 빛나듯이 물질에 대한 욕망 같은 것이 모두 사라졌을 때에야 비로소 행복이 찾아오는 것 같아요. 누구나 행복해지고 싶어 하면서도, 요즘 사람들은 행복이 아니라 즐거움을 찾고 있어요. 행복과 쾌락은 전혀 다른 종류인데 착각을 하고 있지요. 진짜 행복은 가난한 마음에서 출발하는 것 같습니다.

1. 법정과 최인호는 어떻게 해서 행복을 느끼게 되었습니까?

2. 두 사람이 생각하는 행복이란 무엇입니까?

제8과 시대 속의 인물

〈상해 임시정부 요인〉

1. 여러분 나라에서 존경받는 인물은 누구입니까? 그 이유를 다음 어휘를 사용하여 이야기해 보십시오.

지도력이 있다	헌신적이다	희생하다
봉사하다	기여하다	공헌하다

2. 지금까지 여러분의 삶에 영향을 많이 끼친 분이 있으면 이야기해 보십시오.

CD: 08

동주 형의 추억

문익환

원통하기[1] 그지없지만 나는 동주 형의 추억을 써야 한다. 나는 이 글을 쓰고 싶었다. 무엇인가 동주 형에 대해서 내가 아는 대로 써야 할 것만 같은 심정이다. 그와 나는 콧물 흘리는 어린 시절의 6년 동안을 함께 소학교[2]에 다니며 민족주의와 기독교 신앙으로 뼈가 굵어갔다. 그뿐만 아니라 만주[3]에서 평양[4]으로, 거기서 또 만주로 자리를 옮기면서 가장 민감한 10대에 세 중학교[5]를 우리는 함께 편력[6]하였다. 동주 형에 대해서 무엇인가 쓰고 싶은 것은 그 때문만이 아니다. 나는 그를 회상하는 것만으로 언제나 나의 넋이 맑아지는 것을 경험하기 때문에 더욱 그런 심정이 되는 것이다.

그 후 우리는 서로 길이 갈렸다. 그는 문학 공부하러 서울로, 나는 신학을 공부하러 동경[7]으로 떠났다. 그러나 방학이 되면 으레 서로 만나서 시간가는 줄도 모르고 속을 털어 이야기를 주고받았다. 물론 문학에 관해서는 언제나 내가 듣는 편이었다. 아무튼 나는 인생의 민감한 형성기에 그와 함께 유랑하면서 인생과 시를 배웠다.

그가 우리의 추억 속에 남겨 놓고 간 그 귀중한 것들은 그렇게 극적인 것은 아니다. 그에게 와서는, 풍파는 잠을 잤고 다들 양같이 유순하고 호수같이 맑아지는 것이었다. 그러나 그의 넋 속에는 남모르는 깊은 격동이 있었다. 호수같이 잔잔한 해면 밑 깊은 데는 아무것으로도 막을 수 없는 해류의 흐름이 있듯이!

그는 아주 고요하게 내면적인 사람이었다. 그래서 그는 친구들 사이에 말없는 사람으로 통했다. 그렇다고 아무도 그를 건방지다고 생각하지 않았다. 모두들 그 말없는 동주와 사귀고 싶어했다. 그의 눈은 언제나 순수를 찾아 하늘을 더듬었건만 그의 체온

---

1) 원통하다 : 매우 슬프고 화가 나고 마음이 아프다.

2) 소학교 : '초등학교'의 옛말.

3) 만주 (Manchuria) : 중국의 동북지방을 이르는 말.

4) 평양 : 평안 남도의 남서쪽 대동강 하류에 있는 우리나라에서 가장 오래된 도시, 현재 북한의 수도.

5) 세 중학교 : 용정 은진중학교, 평양 숭실중학교, 용정 광명중학교를 말함.

6) 편력 : 이곳 저곳을 널리 돌아다님. 여러 가지 경험을 함.

7) 동경 : 일본의 '도쿄'를 우리 나라 한자음으로 읽은 이름.

은 누구에게나 따뜻하게 느껴지는 것이었다. 나는 아무 과장 없이 고백할 수 있다. 그의 깊은 데서 풍겨 나오던 인간적인 따뜻함을 나는 아직 아무에게서도 느껴본 일이 없다고. 그러기에 그가 차지하고 있던 나의 마음 한구석은 다른 아무것으로도 채워지지 않을 것이다. 이국땅 만주에서도 신경[8]의 거리를 헤매다가 해방의 종소리를 듣던 그 정오에 내 마음을 견딜 수 없이 쓰리게 한 것은 동주 형의 환상이었다.

'동주야, 네가 살았더라면…….'

동주 형은 참으로 멋진 사내였다. 그의 일동일정[9]은 모두 자연스러웠고 서로 어울려서 동주답지 않은 것이 없었다. 그의 지성은 '모던[10]'이었다. 그러나 그가 베적삼[11] 베고의[12]에 고무신을 끌고 저녁 산책을 하는 것은 순수한 아저씨 그대로였다. 그렇다고 촌스러우냐 하면 그렇지도 않았다. 동주 형은 깨끗한 사람이었다. 양복은 언제나 구김살이 없었고 머리가 헝클어지는 일이 별로 없었다. 그러면서도 그는 결코 경박해 보이지 않았다. 그래도 저래도 다 동주다웠다. 그렇다. 동주다운 것 – 그것이 그리 좋았고 아무도 흉내를 낼 수 없는 것이었다. '멋'이 한국 민족의 자연스러운 풍모인지 아닌지 나는 모른다. 아무튼 동주 형은 소위 멋을 낸다는 청년에게서는 찾아볼 수 없는 멋 – 그의 성품에서 풍겨 나오는 '멋'을 지니고 있었다고 하겠다. 나는 그의 멋에서 가장 순수하고 고귀한 한국적인 향기가 풍기고 있었다고 생각한다. 그는 극히 멋지게 한국적이었기에 그의 마음은 넓고도 넓은 '한 울[13]'과 같았다.

'그의 저항 정신은 불멸의 전형이다'라는 글을 읽을 때마다 나의 마음은 얼른 수긍하지 못한다. 그에게 와서는 모든 대립은 해소되었었다. 그의 미소에서 풍기는 따뜻함에 녹지 않을 얼음이 없었다. 그에게는 다들 골육의 형제였다. 나는 확언할 수 있다. 그는 복강[14] 형무소에서 마지막 숨을 몰아쉬면서도 일본 사람을 생각하고는 눈물 지었을 것이라고. 그는 인간성의 깊이를 파헤치고 그 비밀을 알 수 있었기에 아무도 미워할 수 없었으리라. 그는 민족의 새 아침을 바라고 그리워하는 점에서 아무에게도 뒤지지 않았다. 그것을 그의 저항정신이라 부르는 것이리라.

---

8) 신경 : 일본이 세운 만주국의 수도, 지금의 길림성 장춘시.

9) 일동일정 : 하나하나의 동정, 모든 동작.

10) 모던(modern) : 현대적인.

11) 베적삼 : 베로 지은 여름에 입는 홑저고리.

12) 베고의 : 베로 만든 남자의 여름 한복 홑바지.

13) 한 울 : (우리 나라 전통 종교인 천도교에서) 우주 본체, 하늘을 달리 이르는 말.

14) 복강 : 일본 후쿠오카(Fukuoka).

그러나 그것은 결코 원수를 미워하는 것일 수는 없었다. 적어도 동주 형은 그렇게 느낄 수 없었으리라.

나는 동주 형이 시인이 되리라고는 생각할 수 없었다. 그가 시를 쓴다고 야단스레 설치는 것을 본 일이 없다. 그는 사상이 능금[15]처럼 익기를 기다려서 부끄러워하면서 아무것도 아닌 양 쉽게 시를 썼다. 그렇게 자연스레 시를 쓰는 듯이 보였기 때문에 나는 그가 취미로 시를 쓴다고만 생각했었다. 한데 그는 몇 수의 시를 남기려 세상에 왔던 것이다. 그의 가장 동주다운 멋은 역시 그의 시에 나타나 있다고 나는 믿게 되었다. 그는 사상이 무르익기 전에 시를 생각하지 않았고, 시가 성숙하기 전에 붓을 들지 않았다. 그렇기 때문에 시 한 수가 씌어지기까지 그는 남모르는 땀을 흘리기도 했으련만, 그가 시를 쓰는 것은 그렇게도 쉽게 보였던 것이다.

나는 그를 만나면 최근작을 보여 달라곤 했다. 그러면 그는 아무 말 없이 공책이나 종이 조박지[16]에 쓴 시들을 보여 주곤 했다. 조금도 뽐내거나 자랑하는 기색이 없어 좋았다. 그렇다고 그는 애써 겸손하지도 않았다. 다만 타고난 동주다움을 가지고 살고 생각하고 쓸 뿐이었다. 나는 그의 시를 퍽 좋아했다. 무엇보다도 그의 시가 알기 쉬워서 좋았다. 그는 대단한 독서가였다. 방학 때마다 사가지고 돌아와서 벽장 속에 쌓아 둔 그의 장서[17]를 나는 못내[18] 부러워했었다. 그의 장서 중에는 문학에 관한 책도 있었지만 많은 철학 서적이 있었다고 기억된다. 한 번 나는 그와 키에르케고오르[19]에 관한 이야기를 하다가 그의 키에르케고오르에 관한 이해가 신학생인 나보다 훨씬 깊은 데 놀라지 않을 수 없었다. 그렇게도 쉬지 않고 공부하고 넓게 읽는 그의 시가 어쩌면 그렇게 쉬웠느냐는 것을 그때 나는 미처 몰랐었다. 그의 시가 그렇게도 쉬웠기 때문에 나는 그의 시는 그다지 훌륭한 것이 못되거니라고만 생각했었다. 한데 그것이 그렇게도 값진 것으로 우리 문학사상 찬연히 빛나는 시가 되리라고는 꿈에도 생각하지 못했었다.

나는 그의 시에 나타난 신앙적인 깊이가 별로 논의되지 않는 것이 좀 이상하게 생각되곤 했었다. 그의 시는 곧 그의 인생이었고, 그의 인생은 극히 자연스럽게 종교적이

15) 능금 : 맛과 모양이 사과와 비슷하나 보통 사과보다 훨씬 작은 과일.

16) 조박지 : '조각'의 사투리, 작은 쪽지.

17) 장서 : 도서관이나 서재에 간직하여 둔 책.

18) 못내 : 잊거나 그치지 않고 계속.

19) 키에르케고오르(kierkegaard) : 덴마크의 철학자.

기도 했다. 그에게도 신앙의 회의기가 있었다. 연희 전문[20] 시대가 그런 시기였던 것 같다. 그런데 그의 존재를 깊이 뒤흔드는 신앙의 회의기에도 그의 마음은 겉으로는 여전히 잔잔한 호수 같았다. 시도 억지로 익히지 않았듯이 신앙도 성급히 따서 익히려고 하지 않았던 것이리라. 그에게 있어서 인생이 곧 난대로 익어가는 시요, 신앙이었던 것 같다.

동주 형은 갔다. 못난 나는 지금 그의 추억을 쓴다. 그의 추억을 쓰는 것으로 나의 인생은 맑아진다. 그만큼 그의 인생은 깨끗했던 것이다.

20) 연희 전문 : 연세대학교의 전신, 연희전문학교.

• 글쓴이 소개

문익환(1918~1994)

목사, 시인, 사회운동가. 북간도 명동에서 태어나 윤동주와 함께 어린 시절을 보냈으며 미국 프린스턴 신학교 대학원을 수료하고 목사가 되었다. 민주통일민중운동연합 의장을 역임하고 평양을 방문하는 등 민주화 운동을 위해 일생을 헌신하였다.

시집 『꿈을 비는 마음』, 옥중 서한집 『꿈이 오는 새벽녘』 등의 저서가 있다.

어휘 연습

1. 다음 단어의 의미를 골라 연결하십시오.

1) 순수하다 •	• 훌륭하고 귀중하다
2) 고귀하다 •	• 태도나 성격이 부드럽고 순하다
3) 유순하다 •	• 자기 것을 남에게 보이며 자랑하다
4) 설치다 •	• 나쁜 것이 섞이지 않아 깨끗하다
5) 뽐내다 •	• 몹시 날뛰고 마구 덤비다

2. 빈칸에 공통으로 들어갈 단어를 쓰십시오.

더듬다 수긍하다 파헤치다 뒤지다 무르익다

1) ㄱ. 산허리와 골짜기를 마구 ....어/아/여 공사를 벌이고 있다.
   ㄴ. 문제가 워낙 복잡해 사건의 진상을 ....기가 힘들다.

2) ㄱ. 문을 열고 어두운 벽을 ....어/아/여 전등을 켰다.
   ㄴ. 그 사람을 처음 만난 곳이 어디였는지 기억을 ....어 보았다/아 보았다/여 보았다.

3) ㄱ. 그는 욕심이 많아서 뭐든지 남에게 ....기 싫어한다.
   ㄴ. 그 분야에서는 누구에게도 ....지 않는 일인자가 되고 싶다.

4) ㄱ. 봄이 ....어/아/여 진달래가 활짝 피었다.
   ㄴ. 밤이 깊어갈수록 송년회의 분위기는 더욱 ....어 갔다/아 갔다/여 갔다.

5) ㄱ. 내 생각과 너무 달라 그 사람의 의견을 ....기가 어려웠다.
   ㄴ. 그의 말을 ....는/ㄴ다는 의미로 나는 고개를 끄덕였다.

3. 다음 문제를 보고 답을 쓰십시오.

1) 다음 가운데 알맞은 표현을 골라 문장을 완성하십시오.

뼈를 묻다	뼈가 굵다	뼈가 빠지다	뼈가 있다

❶ ....게 일을 해도 손에 쥐어지는 것은 단 돈 몇 푼이었다.

❷ 공사판에서 ....어서/아서/여서 웬만한 일은 견뎌낼 수 있다.

❸ 나는 입사하면서 이 회사에 ....으리라/리라 다짐했다.

❹ 그 사람의 ....는/은/ㄴ 말을 듣고 내 행동을 돌아보았다.

2) 다음 표현의 의미를 골라 연결하고 문장을 완성하십시오.

일동일정	일장일단	일문일답

일동일정 •	• 묻고 대답하는 일을 몇 번 거듭하는 것
일장일단 •	• 하나하나의 모든 행동
일문일답 •	• 한 가지 좋은 점과 한 가지 나쁜 점

❶ 사람들은 누구나 잘난 대로, 부족한 대로 ....을/를 가지고 있다.

❷ 유명 연예인들의 ....을/를 팬들은 늘 관심을 가지고 지켜보고 있다.

❸ 그 잡지는 이번 호에 화제작의 개봉을 앞둔 감독과의 ....을/를 실었다.

내용 이해

1. 글쓴이가 이 글을 쓴 이유는 무엇입니까? (   )

❶ 윤동주의 시를 감상하는 데 도움을 주려고
❷ 저항시인으로서의 윤동주의 삶을 이야기하고 싶어서
❸ 윤동주에 대한 추억을 독자들과 함께 나누고 싶어서
❹ 윤동주 시에 나타난 기독교 신앙에 대해 이야기하려고

2. 다음을 읽고 본문의 이야기 순서에 맞게 아래 빈칸을 채우십시오.

가. 동주와 나는 소학교와 중학교를 같이 다녔다.
나. 자신만의 멋을 가지고 있어서 깨끗하고 촌스럽지 않았다.
다. 각자 서울과 동경에 있었으나 방학이면 만나 이야기를 나누었다.
라. 조용히 시를 썼으므로 쉽게 시를 쓰는 줄 알았다.
마. 가슴 깊은 곳에 강한 것을 가지고 있었으나 겉으로는 유순하고 맑았다.
바. 말이 없고 따뜻한 사람이었다.
사. 동주를 생각하면 내가 깨끗해질 만큼 그는 깨끗한 인생을 살았다.
아. 책을 많이 읽고 쉬지 않고 공부하는 사람이었다. 시를 쉽게 썼으므로 그때는 그의 시가 좋은 시라고 생각하지 않았다.
자. 민족의 해방을 바라는 사람이었으면서도 원수를 미워하지 않았다.
차. 깊이 있는 신앙을 가지고 있었다.

1) 윤동주의 학창시절 (가, ...)

2) 윤동주의 성격과 외모 (............ , 바, ...)

3) 윤동주의 저항정신 (..........)

4) 시인 윤동주 (............, 아)

5) 신앙인 윤동주 (..........)

6) 윤동주의 삶 (..........)

YONSEI KOREAN READING 5

3. 다음을 읽고 맞으면 ○표, 틀리면 ×표 하십시오.

1) 글쓴이는 동주를 추억하면 마음이 맑아진다. ( )

2) 동주는 친구들에게 자신의 내면을 쉽게 드러내지 않는 사람이었다. ( )

3) 글쓴이와 동주는 조국 해방의 기쁨을 함께 나눈 추억이 있다. ( )

4) 글쓴이는 동주의 생전에 그의 시를 그다지 높게 평가하지 않았다. ( )

써 봅시다

1. 여러분이 개인적으로 존경하거나 추억하는 인물이 있습니까?
다음과 같이 표를 완성하고 그 인물에 대한 글을 써 보십시오.

이름	김수환 추기경	
만난 때와 장소	고등학생 때 명동성당	
외모 및 성격	작은 키에 마른 체구 인자한 미소를 띤 친근한 할아버지 같은 분	
존경하는 이유	평생 성직자의 길을 걸으며 평화의 메시지를 사람들에게 전하다. 돌아가실 때도 안구 기증을 통해 사랑을 실천하다.	

더 읽어보기

반기문 유엔 사무총장 국회 연설

"가슴은 한국에, 시야는 세계에"

존경하는 국회의장님, 국회의원님 여러분

국민의 대의기관인 국회에서 소중한 발언 기회를 갖게 된 것을 무한한 영광으로 생각합니다. 저는 내년 1월부터 제8대 유엔 사무총장직을 수행하기 위해 출국하기에 앞서 오늘 의원님 여러분께 고별인사를 드리고 저의 소감도 말씀드리고자 합니다.

먼저 제가 이 자리에 서기까지 국회의장님과 여야 의원님 여러분께서 저를 아낌없이 지원해주신 데 대해 깊이 감사드립니다. 저의 유엔 사무총장 선출은 결코 제 개인의 역량만으로 얻어진 것이 아니었습니다. 가깝게는 의원님 여러분과 정부, 언론을 포함한 온 국민의 뜨거운 성원이 결집되었기에 가능한 것이었고, 멀리 보면 우리나라가 건국 이래 국내외에서 이뤄온 경이로운 업적에 대한 국제사회의 평가에서 비롯된 것이었습니다. 따라서 금번 외교적 개가는 우리 국민 모두의 몫이며, 그간 우리 국민이 온갖 시련을 극복하면서 흘렸던 피와 땀과 눈물의 소산입니다. 이렇게 얻은 것이기에 그 영광은 결코 저 혼자만의 것이 될 수 없으며, 조국을 사랑해온 모든 국민에게 돌려져야 마땅하다고 봅니다.

존경하는 의원님 여러분, 저는 오늘 바로 이 점이 과거의 유엔 사무총장 선출에서는 볼 수 없었던 의미심장한 부분임을 강조하고 싶습니다. 이제 우리나라는 국민적 열의가 뒷받침되기만 한다면 국제무대에서 많은 것을 성취할 수 있는 저력을 갖고 있습니다. 우리 국민은 유엔의 목표와 이상인 평화와 안전, 경제발전, 민주주의와 인권 신장을 가장 단기간에 가장 모범적으로 달성했다는 평가를 받고 있습니다.

저는 지난 2년 10개월간 외교장관으로서 세계 각국을 방문하면서 많은 나라로부터 한국을 자국 발전의 모델로 삼고 싶다는 말을 들을 때마다 오늘의 한국을 일구어낸 우리 국민 앞에 숙연해지지 않을 수 없었습니다.

지금 우리나라는 선진국 진입의 대망을 갖고 있는 한편, 목전에는 21세기의 복잡다기한 도전에 직면해 있습니다. 저는 저의 유엔 사무총장 선출에서 우리의 대망 실현에 유익한 시사점들이 발견되기를 소망하고 있습니다. 먼저, 저의 유엔 사무총장 선출은,

한국인은 유엔 사무총장이 되기 어렵다는 우리 스스로의 고정관념을 깨뜨린 것입니다. 금년 2월 우리 정부가 저를 차기 사무총장 후보로 추천했을 때, 많은 사람들이 한국은 분단국이고 북한 핵문제의 당사국이며, 미국과의 군사동맹국이라는 등의 이유로 유엔 사무총장을 배출할 수 없다고 생각했습니다.

그러나 우리는 우리 자신의 국제적 위상을 바탕으로 전통적 지혜의 벽을 돌파할 수 있었습니다. 우리가 21세기의 다양한 난관을 넘어서기 위해서는 우리 자신의 위치와 대상을 새로운 패러다임으로 고찰해보는 창의적 태도가 필요합니다. 이는 스스로를 존중하는 자긍심에서부터 출발될 수 있습니다.

둘째로, 이제 우리는 세계를 향해 마음을 활짝 열고 '세계 속의 한국'을 구현해야 합니다. 이로써 인류의 공동번영과 전 세계적 범위에서의 국익을 동시에 추구해야 합니다. 이를 위해 우리 국민은 사유의 틀을 국제무대로 확대해야 하고 우리 사회는 여러 방면에서 국제적 표준에 접근해야 할 것입니다. 이것 또한 우리 자신에 대한 존경심과 자긍심을 바탕에 두어야 가능하다고 봅니다.

셋째로, 우리의 국제적 역할 확대를 위해 우리의 국제사회에 대한 기여가 더욱 증대되어야 합니다. 우리는 국제사회에 대한 노블리스 오블리제를 능동적으로 떠맡아야 합니다. 최근 우리의 대외원조가 다소 확대되기는 했지만 국제 기준에 비추어 아직 적고 지원방식도 시대에 뒤져 있습니다. 유엔 평화유지군에 대해서도 재정 분담에 비해 인적 참여가 매우 미약합니다.

마지막으로, 국제사회에서 우리의 역할 제고를 위해서는 외교역량을 획기적으로 강화시켜야 합니다. 대통령님의 결심에 따라 최근 외교인력의 보강이 이뤄지기는 했지만, 저는 외교장관으로서 아직 우리 외교역량이 21세기의 거센 도전에 맞서기에는 너무나 부족함을 고백하지 않을 수 없습니다. 물리적인 역부족이 많은 기회의 상실을 초래하고 있습니다.

4,700만 국민의 대표이신 국회의원 여러분, 혹자는 저의 사무총장 선출로 우리에게 돌아온 이익이 무엇이냐고 묻습니다. 저는 한국의 위상을 국제사회에 더 높였다고 답변드릴 수 있습니다.

그럼에도 저의 사무총장 진출이 우리나라에 궁극적으로 얼마나 기여할 것이냐는 사실 저 자신이 아닌 우리 국민 스스로의 마음과 노력에 달려 있다고 봅니다. 우리 국민이 '가슴은 한국에, 시야는 세계에' 두고 행동할 때 비로소 저의 사무총장 진출은 최대의 시너지 효과를 가져올 것이기 때문입니다. 세계는 무궁무진한 기회로써 열린 마음을 가진 사람들을 환영할 것입니다.

저는 이 연설을 마치면 사무실에 돌아가 장관직을 퇴임하고 제가 37년간 고락을 함께 했던 동료들과도 석별을 나눌 예정입니다. 그리고 사무총장직 취임 준비를 위해 11월 15일 뉴욕으로 떠나게 됩니다.

유엔에서의 저의 임무는 과거 그 어느 사무총장보다도 막중할 것이라고 합니다. 지난 60년간 미뤄왔던 유엔 개혁을 본격적으로 추진해야 합니다. 냉전 종식 후 다발하고 있는 지역분쟁을 조속히 해소하고, 끊임없는 테러와 비전통적 위협들에 효과적으로 대처해야 합니다. 특히 제가 직접 관여해왔던 북한 핵문제 해결과 한반도 평화유지에 대해서는 사무총장의 권한을 최대한 활용하여 조속한 시일 내 평화적으로 해결될 수 있도록 기여하고자 합니다.

또한 2015년까지 유엔의 최대 과제가 된 빈곤퇴치에 가시적 성과를 내야 하고 양극화도 막아야 합니다. 민주주의와 인권을 전 세계에 보편적으로 확립시키고, 회원국간의 다층분열을 화합으로 돌려놓아야 합니다.

솔직히 저는 지금 태산같은 난제들 앞에 혼자 외로이 서 있다는 심정을 금할 길이 없습니다. 저는 이러한 과업의 실천에 우선 제 개인의 37년간 외교관 경험과 인적 네트워크를 활용할 것입니다. 회원국들로부터 최대의 협조를 확보하기 위해 '화합의 전도사'가 될 것이며, 각국 지도자들의 관심과 정치적 의지를 결집할 것입니다. 그러나 유엔 사령탑이 된 후에도 저 반기문의 원동력은 역시 한국적 정신력이 될 것입니다. 한국인으로서 체화된 근면성실, 조직에의 헌신, 변화를 추구하는 역동성, 시련에 맞서는 불굴의 의지, 극단을 경계하는 중용의 정신을 최대한 발휘할 것입니다. 저는 한국의 사무총장은 아닙니다. 그러나 저는 여전히 한국인 사무총장입니다. 저는 티리그베 리 초대 사무총장이 퇴임하면서 '세상에서 가장 어려운 일'이라고 고백한 유엔 사무총장직을 한국인의 명예와 긍지를 바탕으로 완수해 보이고자 합니다. 그리하여 제가 임기를 마치고 귀국하는 날 국민 앞에 자랑스러운 귀국보고를 올리고자 합니다.

저는 저의 영광을 국민의 승리로 돌렸습니다. 훗날 제가 성공한 사무총장으로 평가된다면 그 공도 역시 우리 국민과 함께 나눌 것입니다. 이러한 맥락에서 저는 감히 저의 책임도 우리 국민과 함께 나눠 갖고 싶다는 말씀을 드리고 싶습니다. 제가 한국인 사무총장으로서 유엔을 21세기의 인류가 희망을 걸 수 있는 조직으로 일신할 수 있도록 의원님 여러분과 우리 국민께서 변함없는 지원과 성원을 보내주실 것을 간곡히 부탁드립니다.

감사합니다.

1. 21세기의 다양한 난관을 넘어서기 위해 한국인에게 필요한 것으로 말하고 있는 네 가지는 무엇입니까?

2. 유엔 사무총장으로서의 임무는 무엇입니까?

제9과 시와 노래

1. 여러분 나라에서 유명한 시나 노래를 소개해 봅시다.

2. 노랫말이 좋아서 즐겨 부르는 노래에 대해 이야기해 봅시다.

CD: 09

국화 옆에서

서정주

한 송이의 국화꽃을 피우기 위해
봄부터 소쩍새[1]는
그렇게 울었나 보다

한 송이의 국화꽃을 피우기 위해
천둥은 먹구름 속에서
또 그렇게 울었나 보다

그립고 아쉬움에 가슴 조이던[2]
머언 먼 젊음의 뒤안길[3]에서
인제는 돌아와 거울 앞에 선
내 누님같이 생긴 꽃이여

노오란 네 꽃잎이 피려고
간밤[4]엔 무서리[5]가 저리 내리고
내게는 잠도 오지 않았나 보다

1) 소쩍새 : 올빼미과의 새. 일명 귀촉도, 자규. 한(恨)과 원(怨)의 심상으로 고전 작품에 자주 등장.

2) 조이다 : 죄다. 느슨한 것을 힘을 주어 좁히다.

3) 뒤안길 : '뒤꼍'의 뜻을 지닌, 으슥하여 사람이 잘 다니지 않는 길.

4) 간밤 : 지난 밤.

5) 무서리 : 그 해의 가을 들어 처음 내리는 묽은 서리.

내용 이해

1. 이 시에서 '한 송이의 국화꽃'은 무엇을 의미합니까? 다음을 참고하여 이야기해 봅시다.

> 국화꽃은 인생의 성공을 의미한다.
> 국화꽃은 젊은 날의 꿈을 의미한다.
> 국화꽃은 깨달음을 의미한다.
> 국화꽃은 생명의 아름다움을 의미한다.

2. 다음은 이 시를 정리한 것입니다. 빈칸을 채우십시오.

> 1연) 봄 '소쩍새'가 울다
> 2연) 여름 .... 치다 → 3연) 가을 .... 이 피다.
> 4연) 지난 밤 .... 내리다. ↓
> .... 앞에 선 .... 같은 꽃

3. 이 시에서는 '젊은 날'이 어땠다고 합니까? (   )

❶ 불안하고 초조했다.

❷ 아무런 걱정이 없이 순진했다.

❸ 원숙하고 성숙했다.

❹ 후회할 일은 하지 않았다.

4. 이 시에서는 '소쩍새, 천둥, 무서리'는 국화꽃이 피는 과정에 겪어야 하는 시련을 의미합니다. 이는 어떤 시련을 의미합니까?

이야기해 봅시다

- 각 세대를 비유하는 꽃을 쓰고 그 특징을 이야기해 봅시다

세대		꽃
한 살–10살	유년기	
10대	소년기	
20대	청년기	
30대	장년기	
40대– 50대	중년기	'국화꽃'
60대– 70대	노년기	

• 시 해설

이 시는 '내 누님'으로 지칭되는 한 여인이 굴곡 있는 삶의 역정을 거쳐 한 송이 국화꽃과 같은 원숙한 중년에 도달했음을 나타낸다. 아름다운 국화꽃을 피우기 위해서는 여러 고난이 필요했음을 말하고 있다. 하잘것없는 하나의 생명체라도 그것이 탄생하기까지에는 전우주적인 참여가 있어야 한다는 생명의 존엄성에 관한 인식을 표현하고 있다.

서정주는 그의 자작시 해설에서, "젊은 철의 흥분과 모든 감정 소비를 겪고 있는 한 개의 잔잔한 우물이나 호수와 같이 형(型)이 잡혀서 거울 앞에 앉아 있는 한 여인의 미(美)의 영상… 내가 어느 해 새로 이해한 정일(靜逸)한 40대 여인의 미의 영상"을 이 시에 담았음을 밝힌 바 있다. 그러므로 제1, 2, 4연은 단순히 국화꽃이 피기까지의 과정이 아니라, '머언 먼 젊음의 뒤안길'의 시적 표현임이 드러난다. 봄이 20대라면 여름은 30대, 그리고 국화꽃이 피는 가을은 인생의 40대를 나타내는데, 그것은 '뒤안길'이라는 말이 암시해 주듯이 결코 밝은 모습을 가지고 있지 않다. 그것은 하나의 완성된 인격체가 형성되기까지의 비통과 불안과 방황과 온갖 시련을 의미한다. 그리고 그것은 오랜 방황과 방랑 끝에 비로소 본연의 자세로 돌아온 한 여인이 자성(自省)의 '거울'에 비춰 본 자신의 과거이다.

〈정희성 · 신경림, 『한국 현대시의 이해』, 진문출판사, 1981〉

• 글쓴이 소개

서정주(1915~2000)

호는 미당(未堂)이다. 1915년 5월 18일 전라북도 고창(高敞)에서 태어났다. 고향의 서당에서 공부한 후, 서울 중앙고등보통학교를 거쳐 1936년 중앙불교전문학교를 중퇴하였다. 1936년 『동아일보』 신춘문예에 시 「벽」으로 등단하여 같은 해 김광균(金光均) · 김달진(金達鎭) · 김동인(金東仁) 등과 동인지 『시인부락(詩人部落)』을 창간하였다. 1941년 첫 시집 『화사집』을 출간했다. 1948년에는 시집 『귀촉도』, 1955년에는 『서정주 시선』을 출간해 자기 성찰과 달관의 세계를 동양적이고 민족적인 정조로 노래하였고, 이후 불교 사상에 입각해 인간 구원을 시도한 『신라초』(1961), 『동천』(1969), 토속적 · 주술적이며 원시적 샤머니즘을 노래한 『질마재 신화』(1975)와 『떠돌이의 시』(1976) 외에 『노래』(1984), 『팔할이 바람』(1988), 『산시(山詩)』(1991), 『늙은 떠돌이의 시』(1993) 등을 출간하였고 2000년 12월 24일 사망하였다.

귀천(歸天)

천상병

나 하늘로 돌아가리라
새벽빛 와 닿으면 스러지는[1]
이슬 더불어 손에 손을 잡고,

나 하늘로 돌아가리라
노을빛 함께 단 둘이서
기슭[2]에서 놀다가 구름 손짓하면은,

나 하늘로 돌아가리라
아름다운 이 세상 소풍 끝내는 날.
가서, 아름다웠더라고 말하리라…

1) 스러지다 : 형체나 현상 따위가 차차 희미해지면서 없어지다.

2) 기슭 : 산이나 처마 따위에서 비탈진 곳의 아랫부분. 바다나 강이 땅과 닿아있는 부분.

내용 이해

1. 이 시에서 '귀천'이 의미하는 것은 무엇입니까?

2. 이 시에 나타난 '이 세상의 삶'은 어떻습니까?

3. 1연과 2연에서 시간을 나타내는 부분을 찾아 쓰십시오.

4. 다음은 이 시를 보고 이야기한 감상입니다. 여러분은 어떻게 느끼는지 이야기해 봅시다.

❶ "잠깐 끝나버리는 인생을 깨닫게 해주므로 우울해져요."

❷ "아름다운 그림을 볼 때처럼 맑고 투명한 공기를 들이마시는 기분이 돼요."

이야기해 봅시다

- 시인은 인생을 '소풍'에 비유합니다. 여러분은 인생을 무엇에 비유할 수 있다고 생각하는지 말해보고 그 이유를 이야기해 봅시다.

• 시 해설

스스로를 '세계에서 제일 행복한 사나이'(시 '행복')라 일컬었던, 왼쪽 얼굴로는 늘 울고 있던 시인, 천상병의 '귀천'은 1970년 발표 당시에는 '주일(主日)'이라는 부제가 달려 있었다.

그의 시는 생(生)의 바닥을 쳐본 사람들이 갖는 순도 높은 미덕을 고스란히 담고 있다. 그의 언어는 힘주지 않고, 장식하지 않고, 다듬지 않는다. '단순성으로 하여 더 성숙한 시'라 했던가. 이 시에서도 그는 인생이니 삶이니 사랑이니 죽음이니 하는 말을 쓰지 않는다. 그러니 우리도 무욕이니 초월이니 달관이니 관조니 하는 말로 설명하지 말자. 이슬이랑 노을이랑 구름이랑 손잡고 가는 잠깐 동안의 소풍이 아름답지 않을 이유가 있겠는가. 그런 소풍을 마치고 돌아가는 길이 가볍지 않을 이유가 있겠는가. 그러니 소풍처럼 살다갈 뿐.

〈정끝별, 『애송시 100편』, 조선일보, 2008〉

• 글쓴이 소개

천상병(1930~1993)

일본 출생. 1945년 가족과 함께 귀국하여 마산에서 학업을 계속했다. 1949년 월간 문예지에 실린 "강물"이 첫 작품이다. 1952년경 이미 추천이 완료되어 기성 시인의 대접을 받았다. 서울대학을 졸업한 전도유망한 젊은이였으나 '동백림 사건'(1967)에 연루되어 옥고를 치르고 심한 고문을 받았다. 그 후유증은 음주벽과 영양실조로 나타났으며 급기야 행려병자로 쓰러져 정신병원에 수감되는 바람에 그가 죽었다고 판단한 친지들에 의해 유고 시집 '새'가 발간되기도 했다.

즐거운 편지

황동규

1

내 그대를 생각함은 항상 그대가 앉아 있는
배경에서 해가 지고 바람이 부는 일처럼
사소한 일일 것이나 언젠가 그대가 한없이
괴로움 속을 헤매일 때에 오랫동안 전해오던
그 사소함으로 그대를 불러 보리라.

2

진실로 진실로 내가 그대를 사랑하는 까닭은
내 나의 사랑을 한없이 잇닿은 그 기다림으로
바꾸어 버린 데 있었다. 밤이 들면서 골짜기엔
눈이 퍼붓기 시작했다. 내 사랑도 어디쯤에선
반드시 그칠 것을 믿는다. 다만, 그때 내 기다림의
자세를 생각하는 것뿐이다. 그동안에 눈이 그치고
꽃이 피어나고 낙엽이 떨어지고 또 눈이 퍼붓고
할 것을 믿는다.

내용 이해

1. 이 시는 누가 누구에게 보내는 편지입니까?

2. 1연에서 '해가 지고 바람이 부는 일처럼 사소한 일'이란 어떤 것입니까?

3. 2연에서 '밤이 들면서'는 어떤 상황이 되는 것을 의미하는 것입니까?

4. 시인이 생각하는 사랑은 어떤 것입니까?

이야기해 봅시다

- 이 시에서 가장 인상적인 부분을 이야기해 봅시다.

• 시 해설

숱한 청춘의 연애편지에 등장했을 이 시가 세상에 나온 것은 1958년. 올해로 등단 50년이 되는 황동규(70) 시인이 『현대문학』에 발표한 데뷔작이다.

이 시는 시인이 까까머리 고3학생일 때 짝사랑하던 연상의 여대생에게 바친 시라 한다. 뜨겁고 아찔한 청춘의 섬광. 1950년대 폐허의 서울에 이런 시가 있어주었다는 것은 얼마나 다행인가. 어떤 각박한 시대에도 연애는 끊이지 않았으니 잔인하고 난폭한 세상을 함께 뒹굴면서 우리의 삶을 어루만져 준 것에 아무래도 우리의 사랑과 연애가 한몫을 하였으리.

이 시의 '내 그대를 생각함은' 이후로 오는 것은 실은 다 여백이다. 독자의 마음을 움직여 스스로 편지를 쓰게(시를 짓게!) 하는 능동적인 여백이다. 나의 짝사랑이 그대 입장에선 사소한 것일 수도 있음까지 헤아린다. 그러나 그대가 '괴로움 속을 헤매일 때'가 온다면 내가 그대를 지킬 거라고 다짐하는 결연한 열정! 자신의 사랑을 '사소함'이라 말하는 조숙함은 사랑이 아니라면 어디서도 얻지 못할 자세일 것이다.

그리하여 2연에서 나의 사랑은 한없는 기다림이 된다. 나는 이 사랑이 어디쯤에서 그칠 것이라는 것도 알고 있다. 어쩌면 사랑이 그치는 순간을 기다리고 있는지도 모른다. 하지만 사랑이 그칠 때의 '내 기다림의 자세'를 생각하는 이에게 사랑은 그치지 않는다. 그는 사랑의 영원을 믿는 자. 사랑은 노년을 소년으로 만들기도 하지만 소년을 원숙한 어른으로 만들기도 한다. 사랑은 대상을 향하지만 궁극적으로 인생에 대한 '나의 자세'를 가르치고 견인하는 스승이거니. 처음에 사랑이 있었다. 그리고 마지막에도 사랑이 있을 것이다.

〈김선우, 『한국인이 애송하는 사랑 시』, 조선일보, 2008〉

• 글쓴이 소개

황동규(1939~)

소설가 황순원의 아들이다. 서울에서 출생하였고, 서울대학교 영문과 및 동 대학원을 졸업하였다. 1958년 『현대문학』에 시 「10월」, 「동백나무」, 「즐거운 편지」 등을 추천받아 문단에 데뷔했다. 첫 번째 시집 『어떤 개인 날』에 이어 두 번째 시집 『비가(悲歌)』, 3인 시집 『평균율』을 간행하였고 『사계(四季)』의 동인으로 활약했다. 1965년 이후 「허균」, 「열하일기」 등의 연작시에 와서는 사회와 현실의 긴장관계를 다루었으며, 영국 주지시(主知詩)의 영향을 받아 시의 산문화를 극복하려는 노력이 엿보인다. 그 밖의 시집으로 『삼남(三南)에 내리는 눈』, 『나는 바퀴를 보면 굴리고 싶어 진다』, 『풍장(風葬)』 등이 있다. 1968년 현대문학신인상, 1980년 한국문학상을 수상했다.

광화문 연가

작사 : 이영훈
가수 : 이문세

이제 모두 세월 따라 흔적도 없이 변해갔지만
덕수궁 돌담길엔 아직 남아 있어요.
다정히 걸어가는 연인들.

언젠가는 우리 모두 세월을 따라 떠나가지만
언덕 밑 정동 길엔 아직 남아있어요.
눈 덮힌 조그만 교회당.

향긋한 오월의 꽃향기가
가슴 깊이 그리워지면
눈 내린 광화문 네 거리 이곳에
이렇게 다시 찾아와요.

언젠가는 우리 모두 세월을 따라 떠나가지만
언덕 밑 정동 길엔 아직 남아있어요.
눈 덮힌 조그만 교회당.

YONSEI KOREAN READING 5

내용 이해

1. 이 노래는 무엇에 대해 이야기하고 있습니까?

2. 다음은 노랫말을 정리한 것입니다. (   )안을 채우십시오.

이제 모두들 변했지만 아직 변하지 않은 것이 있다.	.... 옆 돌담길의 연인들
언젠가는 우리 모두가 떠나가지만 남아 있는 것이 있다.	.... 밑 정동길의 교회당
오월의 꽃향기가 그리워지면 나는 찾아 간다.	눈 내린 .... 네 거리

3. 이 노래에서 '향긋한 오월의 꽃향기'는 무엇을 의미합니까?

4. 이 노래는 어느 계절에, 어디에서 부르고 있습니까?

이야기해 봅시다

○ 여러분은 다시 찾아가고 싶은 '추억의 거리'가 있습니까?

• 작사가 소개

이영훈(1960~2008)

「난 아직 모르잖아요」, 「사랑이 지나가면」, 「광화문 연가」, 「옛사랑」 등 가수 이문세의 수많은 히트곡을 작곡·작사한 음악가로, 1000만 장이 넘는 앨범을 판매한 한국 대중음악의 독보적인 존재이다. 1980년대 한국 대중음악에 '팝 발라드'라는 장르를 개척했다. 2008년 대장암으로 세상을 떠났다.

• 가수 소개

이문세(1959~   )

대한민국의 대중가수이다. 또한 방송 진행자와 라디오 DJ로 활동하고 있다. 1978년 방송 진행자로 처음 연예계에 발을 들여놓아 타고난 입담을 과시하며 이름을 알리기 시작했다. 이후 가수로 데뷔하여 여러 발라드 히트곡 「사랑이 지나가면」뿐 아니라 「이별 이야기」, 「가을이 오면」, 「깊은 밤을 날아서」, 「굿바이」, 「그녀의 웃음소리뿐」 등 앨범에 실린 거의 모든 곡이 히트를 기록하면서 최전성기를 누렸다. 이런 인기는 그의 히트곡 대부분을 작곡한 이영훈의 몫이기도 했다. 이문세는 이영훈을 만나면서 가수로서 꽃피기 시작했고, 이영훈 역시 이문세라는 좋은 가수를 통해 자신의 음악을 알릴 수 있었다.

거위의 꿈

작사 : 이적
가수 : 인순이

난, 난 꿈이 있었죠.
버려지고 찢겨 남루하여도[1]
내 가슴 깊숙히 보물과 같이 간직했던 꿈.

혹, 때론 누군가가 뜻 모를 비웃음
내 등 뒤에 흘릴 때도 난 참아야 했죠.
참을 수 있었죠. 그 날을 위해

늘 걱정하듯 말하죠. 헛된[2] 꿈은 독이라고
세상은 끝이 정해진 책처럼
이미 돌이킬 수 없는 현실이라고

그래요 난, 난 꿈이 있어요.
그 꿈을 믿어요. 나를 지켜봐요.
저 차갑게 서 있는 운명이란 벽 앞에
당당히 마주칠 수 있어요.

언젠가 난 그 벽을 넘어서
저 하늘을 높이 날을 수 있어요.
이 무거운 세상도 나를 묶을 순 없죠.
내 삶의 끝에서 나 웃을 그날을 함께 해요.

1) 남루하다 : 옷 따위가 낡아 차림새가 너저분하다.
2) 헛되다 : 아무런 소용없이 되다.

내용 이해

1. 이 노래의 제목이 의미하는 바는 무엇입니까?

2. 다음은 위 노래를 정리한 것입니다. (   )안을 채우십시오.

〈거위의 꿈〉

나는 꿈이 있었다.

↓

나는 꿈을 믿었다.

↓

나는 사람들의 .... 을/를 참았다.

↓

나는 운명과 마주쳤다.

↓

나는 벽을 넘었다.

↓

난 하늘까지 높이 ....

3. '헛된 꿈은 독'은 무슨 뜻입니까? 이에 대해서 어떻게 생각합니까?

4. 이 노래에서 '나'가 극복해야 할 것으로 제시하고 있는 것을 찾아 쓰고 그 의미에 대해 이야기해 봅시다.

이야기해 봅시다

- 이 노래와 비슷한 메시지를 전하는 노래를 말해 봅시다.

• 작사가 소개

이적(1974~　　)

그룹 〈패닉〉의 멤버로도 활동하며 '왼손잡이', '내 서랍속의 바다', '달팽이' 등의 서정적이고 깊이 있는 가사를 많이 지었다. 이 노랫말은 1997년 김동률과 이적의 프로젝트 그룹 〈카니발〉이 만들어 불렀던 노래이다. 작곡은 김동률, 작사는 이적이 담당하였다. 「거위의 꿈」은 카니발의 앨범 「그 땐 그랬지」를 통해 발표된 노래로 2007년 가수 인순이가 다시 불러 현재까지 더 큰 인기를 누리고 있다.

• 가수 소개

인순이(1957~　　)

이 노래를 불러 더 큰 인기를 얻은 것은 중졸 학력, 흑인 혼혈, 홀어머니아래 자란 가정환경 등의 배경을 딛고 한국 최고의 가수로 성공하기까지의 가수 인순이의 극적인 인생이 이 노랫말에 더 잘 녹아있기 때문이다. 정해진 운명과 현실의 벽을 넘어 꿈을 포기하지 않고 노래를 부른 인순이의 열창으로 이 노래는 큰 감동을 주고 있다.

제10과 소설 읽기와 치유하기

1. 여러분은 어떤 소설을 좋아합니까?

2. 소설을 왜 읽는지 이야기해 봅시다.

CD: 10

풍선을 샀어

조경란

1

'나'는 철학을 공부하기 위해 독일로 유학을 갔다가 십여 년 만에 귀국한다. 하나 있는 오빠도 분가하여 이제는 부모만 살고 있는 집에 들어가 혼자만의 서재를 가질 수 있을지도 모른다는 희망을 안고 서울에 도착하지만 부모님 집에는 이미 오빠 내외가 육아를 핑계로 들어와 살고 있었다.

"이거는 모야?"

꼬마의 손가락은 정확히 나를 가리키고 있었다.

"이게 아니라 이 사람은 누구야? 라고 말해야 하는 거야, 쿱."

부주의하게도 올케는 웃음을 참지 못했다. 그러기는 가족들도 마찬가지긴 했지만. 십 년 동안 딱 두 번 서울에 다녀간 적이 있었다. 한 번은 엄마 환갑 때였고 또 한 번은 오빠가 결혼할 때였다. 마지막으로 다녀간 게 벌써 오 년 전이다.

"안녕. 이건 너의 고모란다."

기가 꺾인 채 나는 힘없이 대꾸했다.

집으로 돌아가는 비행기 안에서 나는 내가 가진 것들을 떠올려 보았다. 아무것도 없다면 뭐든지 새로 시작할 수 있을 것이다. 기내식을 먹다 말고 쓱쓱 눈가를 문질렀다. 서른일곱이라는 나이는 등에 웬 낙타 한 마리를 짊어진 것처럼 무겁게 느껴졌다. 돌아가서 부모와 함께 늙어가는 것도 나쁘지 않을지 모른다. 형제라곤 하나 있는 오빠가 결혼하여 분가하였으니 내가 사용할 수 있는 공간은 더 많아졌을 것이다. 몽테뉴[1]처럼 커다랗고 천장이 높은 원형의 서재를 가질 수 있을지도 몰랐다. 어제까지 없던 기대로 나는 설레기도 했다. 그 꿈이 깨진 것은 귀국 수속을 다 마치고 인천공항을 막 빠져 나오자마자였다.

같이 잘 해보자.

마중 나온 오빠가 어깨를 툭 치며 말했다.

십 년 동안 일어났을 많은 변화들에 대해서 한 번도 진지하게 생각해본 적이 없던 나는 그새 정수리께가 벗어지고 있는 오빠를 멀뚱멀뚱 쳐다보았다. 조카는 한 명이 아

1) 몽테뉴(Michel Eyquem de Montaigne, 1533.2.28 - 1592.9.13) : 프랑스의 사상가. 수필집〈수상록〉을 썼다.

니라 둘이었다. 이제 막 네 살이 된 이십팔 개월짜리 꼬맹이[2]와 또 막 백일이 지난 갓난쟁이. 투병 중인 올케 어머니가 더 이상 딸의 아이들을 맡아 키워줄 수 없는 건 당연한 일이었다. 하루아침에 직장을 그만 둔 오빠가 동료들과 벤처[3]를 차릴 때 절반이 넘는 자금을 대 준 사람이 안사돈이었다. 올케는 시도 때도 없이 출장을 가야 하는 외국인 제약회사에 다니고 있었다. 아기들을 키워줄 사람은 나의 아버지와 어머니밖에 없었고 그것을 당연한 일로 받아들였다. 아이들을 맡겨 놓고 들락날락하던[4] 오빠와 올케는 급기야 한 달 만에 짐을 싸 들고 아예 우리 집에 들어와 살고 있었던 것이다. 내가 돌아오기 두 달 전부터 시작된 일이라고 했다. 책장과 책상을 들어낸 내 방에는 베이비 침대와 서랍장이 놓였고 벽에는 곰돌이 푸[5]가 그려진 벽지가 알록달록 발려 있었다.

십 년 전 내가 독일로 떠나겠다는 결심을 털어놓았을 때 엄마는 일찌감치 나에게 이런 말을 했다. 철학은 무슨 놈의 철학, 쯧쯧, 자기 발밑에 놓인 문제도 보지 못하는 게 철학자들이란 말이지. 예전에 다용도실이었던 방의 문손잡이를 나는 꼭 붙잡고 서 있었다.

"얼른 손 씻고 밥 먹어요."

내 등짝을 찰싹 때리고 지나가며 올케가 말했다.

변한 것은 가족 구성원뿐만이 아니었다. 이십칠 년 동안 살았던 서울을 나는 처음 도착한 여행자처럼 시내버스 노선표를 펼쳐놓고 구석구석 헤매고 다녔다. 버스카드나 휴대전화 등 새로 장만해야 할 것도 너무나 많았지만 지금은 더 이상 살 수 없는 것들 또한 많았다. 쇼윈도를 지날 때나 카페 화장실 거울 앞에서 나는 뚫어지게 나 자신을 비춰 보곤 했다. 어때, 괜찮아? 누군가 그렇게 한 번 물어봐 주길 바랐는지도 모른다. 가진 돈을 다 털어서 거리에서 가장 흔하게 눈에 띄었던 프랑스제 명품 가방을 하나 샀다. 아무리 새것을 몸에 걸쳐도 내 발밑에서는 물에 젖은 신발을 신었을 때처럼 언제나 찌걱찌걱 소리가 났다.

하루의 삼분의 이를 자신을 위해 갖고 있지 않은 사람은 시간의 노예나 다름없다고 니체[6]는 말했지만 환갑이 훌쩍 넘은 부모와 네 살짜리와 백일 된 조카가 둘

---

2) 꼬맹이 : 꼬마를 낮게 잡아 부르는 말.

3) 벤처 : 고도의 전문 지식과 새로운 기술을 가지고 하는 창조적 중소기업. 모험적 경영으로 다소 위험이 동반됨.

4) 들락날락하다 : 어떤 장소를 들어왔다 나갔다를 짧은 시간에 자주 하다.

5) 곰돌이 푸 (Pooh Bear, 원제: "Winnie-the-Pooh") : 1926년에 발표된 밀른의 동화 및 그 동화의 주인공.

6) 니체(Friedrich Wilhelm Nietzsche, 1844. 10. 15~1900. 8. 25) : 독일의 시인·철학자. 저서로 『반시대적 고찰』, 『차라투스트라는 이렇게 말하였다』 등이 있다.

있는 집 안에서 자유인으로 살기란 정말 불가능한 일이다. 아침 겸 점심을 먹고 오후 세 시쯤이면 집을 빠져 나왔다. 버스를 타고 시내 구경을 하거나 또각또각 걸어 다녔다. 안양에 가서 나보다 삼 년 먼저 돌아와 있는 차 선배를 만나고 오기도 했다. 차 선배는 결국 대학에 자리 잡는 것을 포기하고 지물포[7]를 차렸다고 했다. 그거 뭐, 다 소용없더라고. 말은 그렇게 했지만 그래도 섭섭한 게 남았던 모양인지 상호를 '차박사지물포'라고 지었다. 강사 자리도 쉽지 않을 거야. 배웅해주며 차 선배가 말했다. 차 선배를 제외하고는 만날 사람도 없었다. 걷고 또 걷는 일. 그것은 카이사르[8]가 병과 두통을 이겨내기 위해서 사용한 방법이기도 했다. 실제로 나는 두통에 시달리기도 했으니 걷는 것보다 더 좋은 치료는 없을지도 몰랐다. 달리 할 일도 없었다. 무엇보다 가장 큰 변화는 이제는 내가 완전한 백수[9]가 되었다는 사실이었다. 한가한 자들과 쓸모없는 자들. 나는 어느 쪽일까?

시내 전체가 하나의 커다란 크리스마스트리가 된 것처럼 화려해졌다. 어딜 가나 사람들로 붐볐고 찻집에 자리를 차지하고 앉아 책을 읽는다는 것도 더 이상 불가능해졌다. 여전히 갈 데가 없었다. 세종문화회관과 청계천이 시작되는 입구에 거대한 빛의 터널이 보였다. '루미나리에,' 빛의 축제라는 뜻이라고 했다. 수많은 인파 속에서 떠밀리듯 걸음을 멈추었다. 주위에서 카메라 셔터를 눌러대는 소리들이 작은 폭죽처럼 연달아 터져 나오고 있었다. 헛일 삼아 나는 풀쩍, 빛의 파편들 속으로 발돋움을 한번 해 보았다.

가방이 아니라 우정과 신뢰 속에서의 대화와 휴식, 지금 나에게는 그것이 필요했다. 가방을 팔아치우고 마련한 돈으로 나는 앵무새 한 마리를 샀다.

3

나는 친구도 없고 직장도 없이 집에서 조카와 앵무새 한스에게 말을 가르치며 시간을 때운다. 그러던 어느 날 일자리를 소개하는 선배의 전화를 받는다.

7) 지물포 : 온갖 종이를 파는 가게.

8) 카이사르(Caesar, 기원전 100~44) : 고대 로마의 정치가.

9) 백수 : 아무 것도 하지 않는 사람. 백수건달의 줄임말.

4

S백화점 문화센터의 첫 강의는 12월 첫째 주 금요일이었다. 교양강좌로 마련된 '철학, 쉽게 배우기'수업을 맡기로 한 차 선배의 아는 형이 교통사고를 당하는 바람에 수업을 대신할 사람을 구해야 했던 모양이다. 선배가 나에게 연락을 해준 걸 고마워해야 하는지 아니면 못 들은 척 거절해야 하는 건지 갈피[10)]가 안 잡혔다. 한 가지 분명한 것은 내키지도 않았고 기분이 좋지도 않았다는 거다. 그러나 정원사가 되는 것보다는 그 일이 더 나을 거라는 판단이 들었다.

한때 니체는 전문적인 정원사가 되고 싶어 한 적이 있었다. 시간을 보낼 수도 있고 정신적 긴장을 유발하지 않으면서도 적당한 피로를 느낄 수 있게 하는 작업으로 말이다. 나에게도 그런 일은 필요했으나 이젠 하릴없이 시내를 쏘다니는 일에도 지친 상태였다. 삼 주 만에 니체가 정원사가 되기를 포기한 이유도 허리를 굽히는 일조차 힘에 겨워서였다. 이런 사실을 알았다면 엄마는 당장 책상물림[11)]들이 뭐 다 그렇지, 라고 비난했을 것이다. 생색을 내는 듯한 차 선배 목소리도 듣기 난감한 건 마찬가지였다. 순간적인 수치심을 삼키고 나서 나는 수업을 하겠다고 말했다. 담당자와 상의해 강좌 제목은 '쉽게 읽는 니체'라고 변경하였다. 첫 수업을 하기 위해 강남의 S백화점 구층에 올라가자 강의실 밖에서까지 포크 댄스[12)]를 추고 있는 쌍쌍의 남녀들이 보였다. '셰이프 바디라인 요가', '오페라 감상과 영상세계', '부동산 투자전략', '탱탱피부 메이크업' 같은 정규 강좌 목록들 속에서 이번에 새로 개설되었다는 '쉽게 읽는 니체'는 돌보지 못한 정원의 잡초처럼 정말이지 초라해 보이기 짝이 없었다. 그나마 수강생이 있다는 게 다행이었다.

두 번째 수업부터 나는 더 이상 니체의 사상과 이상에 대해서 강의하지 않게 되었다. 니체와 쇼펜하우어[13)], 니체와 바그너[14)]에 대해서 말하는 대신 니체와 코지마[15)],

---

10) 갈피 : 일이나 사물의 종류가 구별되는 정도.

11) 책상물림 : 책상 앞에 앉아 글공부만 하여 세상일을 잘 모르는 사람을 낮잡아 이르는 말.

12) 포크댄스 : 민속의 특수성과 향토의 특색을 갖추고 옛날부터 전해지는 전통무용.

13) 쇼펜하우어 (Arthur Schopenhauer) : 독일의 철학자. 염세사상의 대표자로 불린다. 니체는 쇼펜하우어의 『의지와 표상으로서의 세계』라는 책에서 깊은 감명과 영향을 받았고, 또 바그너를 알게 되어 그의 음악에 심취하였다.

14) 바그너 (Wilhelm Richard Wagner) : 독일의 작곡가. 오페라 외에도 거대한 규모의 악극을 여러 편 남겼는데 모든 대본을 손수 썼고 많은 음악론과 예술론을 집필했다.

15) 코지마 (Cosima Wagner) : 음악가 리스트의 딸이자 바그너의 부인. 니체는 코지마를 짝사랑하여 정신병원에 있을 때 코지마를 위한 시를 지었다.

니체와 루 살로메[16]에 대한 일화들을 들려주었다. 수업 분위기는 훨씬 좋아졌지만 여전히 벌레가 든 빨간 사과를 우적우적 씹고 있는듯한 기분이 드는 것은 어쩔 수가 없었다. 차라리 정원사나 될 걸 그랬나? 한스[17]는 말이 없었다. 수업은 아직 5주나 더 남아 있었다. 그사이에 첫눈이 크게 내려 시내 곳곳에서 교통사고가 나고 농가의 비닐하우스[18]들이 우르르 무너지기도 했다. 그날 북악스카이웨이[19]에서는 밤 아홉 시부터 네 시간 동안이나 팔각정에 있던 이십여 명이 고립되었고, 나는 그날 거기 있었던 사람들에 대해서 생각하곤 했다. 나에게는 아무런 일도 생기지 않았다.

수강생들은 모두 백화점 일대 아파트에 사는 주부들이었다. 그들 이십 명 중에서 그가 눈에 띈 건 당연했다. 게다가 그는 젊기까지 했으니까. 첫날부터 그는 강의실 맨 뒷자리에 앉아서 대개의 다른 수강생들처럼 꾸벅꾸벅 졸다가 졸음을 깰 요량인지 가끔씩 두 손을 주걱처럼 모아 얼굴을 북북 문지르고는 했다. 수업이 끝난 후에 그 청년이 내게 다가와선 갑자기 일이 생긴 자기 엄마 대신 오늘 수업을 들으러 왔는데 앞으로도 계속 와도 되느냐고 물었다. 안 된다고 해도 계속 나와 주었으면 좋겠다. 나는 글쎄, 라고 말을 끌었다. 손바닥으로 턱을 가리면서 그가 말했다. 환불도 안 된다고 엄마가 등을 떠밀어서요. 놀면 뭐 하냐고.

니체는 우리에게 더 나은 가능성을 제시할 수 있는 인물로 세 가지 예를 들었다. 첫째는 인간이 자연과 화해하게 했고 문명이 자연으로 회귀해야 한다고 주장한 루소[20]적 인간이며, 둘째는 사려가 깊고 현명한 절제를 통해서 삶의 여러 가지 조건들과 갈등 없이 지내는 괴테[21]적 인간, 그리고 셋째는 인간의 모든 질서가 비극적이며 일상적인 삶은 분열 그 자체라는 쇼펜하우어적 인물, 이렇게 세 가지로 분류했다. 처음에 그를 보았을 때 나는 그가 니체가 말한 괴테적 인물일 거라고 판단했다. 다른 수강생들과 적게

---

16) 루 살로메(Lou Andreas Salom) : 니체의 청혼을 거절하였고 독일 문단의 최고 시인 라이너 마리아 릴케와 뜨거운 사랑을 나누었고 정신분석학의 창시자 지그문트 프로이트와 정신적 교감을 나눈 여인. 니체는 그녀에게 실연당한 충격으로 역작 『짜라투스트라는 이렇게 말했다』를 10여 일만에 써 냈다. 그녀로 인해 많은 남자들이 자살을 하여 '러시아의 마녀' 라고 불렸다고 한다.

17) 한스 : 주인공이 가방을 팔고 산 앵무새의 이름.

18) 비닐하우스 : 비닐로 바깥을 가린 온상. 채소류나 화훼류의 속성 재배나 열대 식물을 재배하기 위하여 널리 쓴다. '비닐 온실'로 순화.

19) 북악 스카이웨이 : 서울 북악산 능선을 따라 자하문(紫霞門)에서 정릉(貞陵) 아리랑고개에 이르는 길이 약 10 km, 너비 10~16 m의 관광도로.

20) 루소(Jean-Jacques Rousseau) : 18세기 프랑스의 사상가·소설가. 작품은 『신 엘로이즈』, 『에밀』, 『고백록』 등이 있다

21) 괴테(Johann Wolfgang von Goethe) : 독일의 시인·극작가·정치가·과학자. 『빌헬름 마이스터의 편력시대』(1829), 『파우스트』 등을 썼다.

는 십 년 혹은 많게는 이십 년 이상 나이 차가 나는 것은 스물일곱 살 난 그 청년에게 아무런 문제가 되지 않아 보였다. 어머니뻘 되는 수강생들에게도 언제나 친절했으며 사려 깊게 행동했고 아무런 갈등도 겪지 않는 것 같았다. 그가 수업에 참여한 후 우리 클래스는 처음으로 회식이라는 것도 했다. 무의식적인 신중함으로 나는 그를 지켜보고 있는 모양이다.

오래전에 잊었던 박자로 쿵쿵 가슴이 뛰기 시작했다. 나는 한스에게 호두 한 알을 던져주면서 물었다. 이 예외적인 느낌이 뭔지 알아?

그는 수업에는 늘 나오기는 했지만 자다 깨다 하는 건 여전했다. 크리스마스 이브를 앞둔 금요일 수업 시간에 그가 굵은 매직펜으로 왼손 손바닥에는 감은 눈을, 오른손 손바닥에는 뜬 눈을 그려놓고 귀 높이까지 들어 올린 그 양 손바닥을 내 쪽을 향해 한쪽씩 폈다 오므렸다 했던 날, 우리는 데이트라는 것을 했다. 그동안 주로 내가 만나왔던 사람들은 항상 책을 읽고 검정색과 회색 옷을 즐겨 입는, 대개는 엄숙하거나 딱딱해 보이는 얼굴을 갖고 있는 사람들이었다. 나 역시 그랬을지도 모른다. 첫 데이트에서 알아낸 사실은 뜻밖에도 많았다. 그중에는 흥미로운 것도 있지만 그렇지 않은 사실들도 많았다. 흥미로운 사실은 그가 전직 국가대표 핸드볼 선수였다는 것이다. 포지션이 경기의 승패를 결정지을 정도로 중요한 골키퍼였다고 했다. 그 대목에서 그는 약간 으쓱거리듯 말했다. 이상하게 남자들이 으쓱거리는 모습은 대개 다 비슷한 것 같다. 하지만 아쉽게도 나는 공을 사용해서 하는 스포츠에 대해서는 아무것도 알지 못했고 핸드볼에 관해서는 말할 것도 없었다. 기껏 한 소리가 그래서 그런지 참으로 위풍당당한 손을 가졌네, 였을 뿐이다. 올림픽 출전권을 놓고 벌인 국가 대회에서 상대편 선수가 던진 공에 맞아 기절하는 바람에 경기에 졌고 그것이 자신의 책임이라고 생각한 그는 선수 생활을 그만두고 말았다. 내가 아는 것은 거기까지였지만 결국 그것 때문에 그는 자신의 삶의 일부가 훼손되었다고 믿고 있는 눈치였다. 문제는 다른 데 있다는 것을 그는 아직 모르고 있었다.

나는 그가 괴테적 인물이라는 판단을 수정하지 않을 수 없었다. 다른 사람과 친밀해지려고 애쓰는 사람은 대체로 자신이 상대방의 신뢰를 얻고 있는지에 대해서 확신하지 못하기 때문인 경우가 많다. 신뢰를 확신하는 사람은 친밀함에 큰 가치를 두지 않는 법이다. 니체의 말처럼 아무도 기분 상하게 하지 않고 아무에게도 폐를 끼치려고 하지 않는 것은 타고난 기질일 뿐만 아니라 두려움이 많다는 표시일지도 몰랐다. 나는 그가 염세적인 쇼펜하우어적 인물이라고 잠정적으로 수정했다. 첫 데이트에서는 서로에게 아무런 문제도 없어 보였다. 문제는 너무 빨리, 그러니까 우리의 두 번째 데이트에서 일어났다.

5

누구나 한 가지 일에서는 탁월한 법이라지만 나는 역시 가르치는 일에는 소질이 없는 모양이다. 냉장고 문을 여는 것을 본 조카가 치즈를 가리키며 '저거는 모야?'라고 물었다. 나는 조카에게 치즈를 내밀곤 '이건 치즈라고 하는 거야.'라고 가르쳤다. 조카는 또 내게 '치즈가 모야?' 했다. 치즈가 뭘까? 갑자기 탁자의 다리가 왜 네 개일까? 라는 질문을 받은 것처럼 난처해졌다. 왜냐하면 조카에게 우유로 응고와 발효의 과정을 거쳐 만든 게 치즈라고 설명해도 이해하지 못할 테니까. 나는 조카에게 다정하게 말했다. '이건 니 친구야.' 그러자 '으응, 내 친구.'라며 조카가 만족한 웃음을 지었다. 친구, 라는 단어는 조카에게 사물을 이해하는 마법과도 같은 열쇠였다. 레고[22]로 만들어진 코끼리나 기린도 친구고 신발이며 바나나도 친구고 하다못해 팬티도 친구였다. 엉덩이에 만화 캐릭터가 그려진 팬티에다 오줌을 싸면 엄마는 또 호빵맨[23]한테 오줌 쌌잖아, 얼른 미안하다고 해, 했다. 그러면 조카는 오줌으로 흠뻑 젖은 팬티에다 조그만 입술을 바싹 대고 '미안해, 미안해.'라고 말하고는 했다. 그러니까 나는 그저 별생각 없이 치즈를 친구라고 조카에게 말했던 거다. 조카가 당황한 것은 내가 그 치즈를 반으로 찢어서 입에 넣어주려고 할 때부터였다. 갑자기 아리까리하다[24]는 표정을 짓더니 으앙, 울음을 터뜨리기 시작한 것도. '친구가 찌어졌어[25]!' 조카가 온 집 안이 울리도록 소리쳤다. 각 방마다 문들이 열리고 부모와 올케와 그리고 오빠까지 이번엔 또 무슨 일이야? 하는 얼굴로 제각각 나타났다. 왜 이럴 때는 꼭 올케가 집에 있는 날인지 모르겠다. 나는 반으로 찢은 치즈를 양손에 든 채 식탁 의자에 고개를 푹 수그리고 앉아 있었다. '친구가 찌여졌어, 아빠, 친구가 찌여졌어.' 조카는 손가락으로 내가 손에 들고 있는 치즈를 가리키며 뽀르르 제 아빠 품으로 달려가 안겼다. '하여간 둘이 수준이 똑같다니깐.' 오빠가 혀를 찼다. '아휴, 아가씨는 왜 아무거나 친구라고 가르쳐요, 가르치길.' 올케가 내 등짝을 세게 쳤다. 나는 피곤한 것 같다. 올케는 내가 어쩌다 장을 봐오면 아휴 고등어는 눈이 말똥말똥한 걸 사와야 하는데, 아휴 고사리[26]는 가늘고 꼬불꼬불 말린 걸 사와야 하는데, 라고 신문만 한번 읽으면 다 아는 소리들을 했다. 그 등 뒤에다 대고 엄마는 저도 제대로 살 줄 모르면서 말만 저렇게 한다니까, 은근슬쩍 내 편을 들곤 했다. 나는 종종 내가 아무런 쓸모가 없는 사람인 것처럼 느껴질 때가 있다. 그게 가족들하고

---

22) 레고 : 조립식 블록완구의 브랜드. 세계에서 6번째로 큰 완구회사로 가족기업인 '레고 그룹'이 소유하고 있다. 본사는 덴마크의 빌룬트(Billund)에 있다.

23) 호빵맨 : 일본의 아동용 애니메이션.

24) 아리까리하다 : 아리송하다의 잘못된 말이다. 그런 것 같기도 하고 그렇지 않은 것 같기도 하여 분간하기 어렵다.

25) 찌어졌어 : 찢어졌다의 유아어.

26) 고사리 : 양치류식물. 명절때 나물로 해 먹는다.

있을 때만 그런 건지 아니면 집에 있을 때 그런 건지 잘 분간이 안 가지만. 그래도 나는 공부라는 걸 십 년 동안이나 했는데 말이다.

조카는 한스가 들어 있는 새장을 한 번 힘껏 걷어차고는 의기양양한 얼굴로 나를 빤히 쳐다봤다, 제 딴[27]에는 한스가 내 친구라고 생각을 하는 모양이다. 오빠가 조카를 안고 방으로 들어가 버리자 거실은 다시 고요해졌다. 나는 찢어진 치즈를 입에 넣고 우물거렸다. 올케 말처럼 공연히 친구라는 말을 한 것 같다. 내 가슴속에 아무도 꺾을 수 없는 나뭇가지 하나를 세게 흔들어댄 것처럼 많은 것들이 한꺼번에 스쳐 지나갔다. 나는 슬쩍 한스를 곁눈질하며 다시 한 번 피곤해, 라고 중얼거려보았다. 토마스는 이렇게 묻곤 했다. 그럼 좀 낫니? 뭘? 우울한 걸 피곤하다고 하면 말이야. 그런 토마스에게 편지를 쓰게 만든 사람이 J라는 것이 나는 이상하다.

그 전직 국가대표 핸드볼 골키퍼였던 청년, 길쭉길쭉한 손발을 가진 J는 책도 읽지 않고 결혼식장에 갈 때도 검은색 옷은 입을 것 같지 않다. 이제 겨우 스물일곱 살이다. 그런데도 나는 그에게 하고 싶은 말들이 자꾸 생각났다. 그래도 될까? 뭐야, 인마. 왜 너는 통 한마디도 안 하는 거야! 나는 조카처럼 한스에게 화풀이를 해댔다.

우리는 영화를 보러 갔다.

12월 마지막 날이었다. 성큼성큼 앞서서 걸어가는 J 뒤를 따라가면서 생각해보니 대개 두 번째 데이트에서는 영화를 보러 갔던 것 같기도 하다. 십 년 동안 서울을 떠나서 살지 않았더라면, 한 해 마지막 날 사람들이 끼리끼리 주로 무엇을 하는지 알았더라면, 극장에 가자는 생각은 애초부터 하지 않았을 것이다. J 또한 수년 동안 운동을 하느라 12월 마지막 날 영화를 본 것은 그 날이 처음이라고 했다. 좌석은 거의 매진이었고 그가 원했던 '통로 쪽 중간 자리'는 구할 수 없었다. 표를 사면서 통로 쪽 중간 자리라고 딱 부러지게 말하는 남자는 처음이었다.

화장실에 다녀오는 사이에 벌써 극장 안은 불이 꺼져 캄캄했다. 순간적으로 나는 그의 옷소매를 붙잡았다. 가운데 우리 자리만 빼고 양쪽으로 사람들이 빽빽하게 들어앉아 있었다. 그가 크게 숨을 한 번 몰아쉬는 소리가 들렸다. 간신히 자리에 앉고 나자 등이 땀에 젖은 걸 느꼈고 그의 이마 또한 땀으로 번들거리는 것을 보았다. 영화가 막 시작될 때 그가 내 귀에 대고 속삭였다. '저, 사실 이렇게 사람 많은 데 오면 좀 힘들어해요, 선생님.' 농담인 줄 알았다. '글쎄, 사람들이 많긴 많네.' 나는 신통치 않게 대꾸했다. '손을 좀 잡아주시면 괜찮을 것 같기도 해요'라고 그가 풀이 죽어 말했을 땐 '그러니까 너 정말 선수 같구나!' 실없는 소리까지 했다. 딱딱하게

27) 딴 : 자기 나름대로의 생각이나 기준.

입을 다물고 있는 그의 턱을 바라보았다. 손을 잡아달라고 하는 사람치고는 터무니없이 진지한 얼굴을 하고 있었다. 팔걸이를 신중하게 더듬다가 그는 내 손을 거머쥐었다. 어딘가 악어를 연상케 하는 그 울퉁불퉁한 손을 뿌리치려다 말고 가만히 있었다. 그건 손을 잡는 게 아니라 뭔가를 꾹 참기 위해 붙들고 있는 자세처럼 느껴졌기 때문이다. 네 명의 형제들 중 막내 여자아이가 옷장을 통해 '나니아[28]'라는 세계를 발견하면서 시작되는 영화였다. 이제 곧 '나니아'를 차지하기 위한 마녀와 사자와의 전투신이 시작되려던 참이었다. 아까부터 줄곧 내 손을 잡고 있던 J의 숨소리가 점점 더 거칠어지는 것을 느꼈다. '괜찮니?'...... 아니라는 대답도 못 했다. 그는 최대한 자세를 낮추고 그리고 애써 서둘지 않으려는 역력한 자세로 결국 자리를 뜨고 말았다. 그러나 나는, 그가 고통을 참는 사자처럼 큰 소리로 숨을 들이마시고 내쉬는 소리, 신음 소리를 참기 위해서 이를 갈아붙이는 소리를 다 듣고 있었다. 그를 따라 나가지 않고 그대로 자리에 앉아 있었다. 전투가 시작되었다. 창과 화살이 쏟아지고 불기둥이 치솟았다. 마녀와 사자와 네 아이들이 서로 쫓고 쫓겼다. 무언가 지킬 게 있다면 저렇게 싸움이라도 해볼 수 있을까. 언젠가 수업시간에 꾸벅꾸벅 졸고 있던 J가 갑자기 악을 쓰듯 커다란 비명 소리를 지르며 잠에서 깨어났던 일이 떠올랐다. 그때 J가 뭐라고 소리쳤었지? 겁에 질려 벌어진 큰 눈, 나는 그걸 보고 있었던 것 같다. 자리에서 일어났다. 그는 사람들이 붐비는 곳을 두려워할 뿐만 아니라 자신을 안전하게 지켜줄 사람 없이는 아마 밖으로 나가지 못할 테니까.

그는 극장 출입구 앞 빈 의자에 거의 눕듯 상체를 기대고 있었다. 손발을 벌벌 떨면서 가슴을 움켜쥐곤 후후, 후후훅 숨을 가쁘게[29] 몰아쉬고 있었다. 이상하다. 나는 오래전부터 그 모습을 지켜보았던 것 같다. 십분만 참아, 속으로 말했다. 한때는 시속 백십 킬로미터로 날아오는 공을 막아냈던, 지금은 공황장애[30]로 자꾸만 제 가슴을 쥐어뜯고 있는 그의 커다란 손을 내 손으로 움켜잡았다. 고통을 참아내는 그에게 내가 해줄 수 있는 일은 많지 않았다. 손이 더 단단하게 맞물리도록 나는 손가락을 구부려서 그의 손바닥 안쪽을 맞잡았다. 산악인들이 서로를 구조할 때, 한 사람이 다른 한 사람을 끌어 올릴 때 잡는 것처럼. '......이젠 다 나은 줄 알았어요.' 통증이 지나가자 그는

28) 나니아 : 판타지 소설 『나니아연대기』에서 나온 마법의 세계. 신학자인 C.S. 루이스가 쓴 유일한 판타지 소설이자, 그와 함께 문학을 공부했던 J.R.R. 톨킨이 이 작품을 본 뒤 '반지의 제왕'을 집필했다. 어린 시절 옷장 안에 들어가서 놀던 기억을 되살려, 옷장 안의 '나니아'라는 마법의 세계를 창조해낸 그는, 수많은 신화와 성서의 모티프를 엮어 세계 3대 판타지 문학의 하나로 꼽히는 대작을 완성했다.

29) 가쁘게 : 몹시 숨이 차게.

30) 공황장애 : 특별한 이유 없이 예상치 못하게 나타나는 극단적인 불안 증상. 극도의 공포심이 느껴지면서 심장이 터지도록 빨리 뛰거나 가슴이 답답하고 숨이 차며 땀이 나는 등의 신체증상이 동반된 죽음에 이를 것 같은 증상을 경험.

말했다. 미안해요 선생님. 이라고도 했다. 나는 안도했다. 그가 죽어버릴 것만 같아요, 라고 말하지는 않아서. 나는 맞잡은 손을 놓지 않았다. 이 자연스럽고도 필요한 욕망 때문에 어쩐지 약간은 울어야 할 것 같은 기분이다.

토마스에게 편지를 썼다. 짧게 쓰고 싶었다. J에 관해 썼다. 그러자 편지가 길어졌다. 봉투에 토마스라는 이름을 힘주어 또박또박 적어 넣었다.

6

"영화 줄거리 이야기해줄까? 끝까지 다 못 봤잖아."

올케가 나를 서너 살짜리 아이 다루듯 하는 게 싫으면서도 J를 만나면 내 어투는 꼭 그렇게 변한다.

"책으로 봤어요, 선생님."

"너도 책 같은 거 읽니?"

"만화로 읽는 나니아 연대기요."

"우리 조카도 만화를 좋아해."

머핀맨[31] 이야기를 하려다가 말았다.

"아이들한테 말이야, 지적인 능력이 있다고 생각하니?"

"저 말씀하시는 거예요?"

나이가 무슨 죄가 되나요? 하는 얼굴로 그가 나를 봤다.

"아니, 있잖아, 아이들은 공포를 주는 어떤 대상들이 존재한다고 철저하게 믿는 거 같아서 말야."

"선생님은 뭐 두려워하는 거 없어요?"

J가 나를 바라봤다. 어쩔 수가 없다.

"반도 넘게 건넜으니 이젠 괜찮아. 괜찮다고 나는 생각해버려."

"선생님 그거 알아요? 세상에 얼마나 많은 공포들이 존재하는데요. 새에 대한 공포도 있구요, 두꺼비에 대한 공포도 있구요, 어떤 사람은 숫자 8에 대한 공포를 갖고 있구요. 여성 생식기에 대한 공포를 갖고 있는 사람도 있구요. 종이에 대한 공포를 갖고 있는 사람들도 많아요. 정말로 많은 종류의 공포들이 있다구요. 그거에 비하면 난 정말 아무것도 아닌 거라구요."

치료를 오래 받았다고 했으니 J가 하는 말은 틀리지 않을 것이다. 지난 가을에

31) **머핀맨** : 움직이는 과자. 쿠키맨이라고도 함.

외삼촌이 살고 있는 라오스[32]까지, 여섯 시간 동안 비행기를 안전하게 타고 온 후로 다 극복했다고 생각했고, 그 후로 더는 치료를 받지 않아도 좋다는 진단을 받았다고 했다. 공황장애가 있는 사람에게는 비행기만큼 두려운 밀폐 공간도 없다. 그러나 나는 J에게서 뭔가 다른 이야기가 나오기를 기다리고 있는 것 같다. 그게 뭘까.

"너 불안한 거랑 공포를 느끼는 거랑 어떻게 다른 줄도 아니?"

"물어보지 말고 그냥 말해주면 좋잖아요."

"불안을 느낄 때는 확실치는 않지만 어떤 위험이 곧 닥쳐올 거라는 생각에 압도당해서 긴장될 때야. 그리고 공포는 두려운 대상이 뚜렷하기 때문에 피할 수가 있는 거고. 그 대상이 사라지면 더 이상 공포는 지속되지 않는 거야. 그러니까 무엇을 피해야 할지조차 모르는 불안과는 구분이 되는 거지."

"선생님, 니체에 관해서만 잘 아시는 줄 알았는데 그게 아니네요?"

"……"

말을 그대로 옮기는 거라면 앵무새도 이만큼은 할 수 있을 것이다. J가 눈치 채지 않기를 바라면서 나는 씁쓸하게 웃었다. J는 내가 기다리는 말은 하지 않았다.

"영화에 나오는 그 옷장 말야, 사람들은 현실과 환상 세계를 잇는 그런 무인도 같은 걸 하나쯤은 다 갖고 있는 것 같아. 너도 그런 게 있니?"

"그런 걸 갖고 있는 게 좋은 걸까요?"

"그건 꼭 쫓길 때만 나타나는 건 아니야."

"그 노래 다시 한 번 불러줄 수 있어요?"

"무슨 노래?"

"그날 극장에서 나와서 걸어갈 때, 왜 선생님이 불러주신 노래 있잖아요."

그땐, J가 웃는 것이 보고 싶었다.

"정말 듣고 싶니?"

"네."

술 마시면 하기 싫은 것 중에 하나가 내일 아침에 대해 생각하는 거고 하고 싶은 것 중 하나가 노래다. 흥얼흥얼 나는 노래를 불렀다. '기분이 어때? 기분이 어때? 집 없이 사는 것이, 알아주는 사람 없이, 구르는 돌처럼 사는 것[33]이? 기분이 어때?'

32) 라오스 : 동남아시아의 인도차이나 반도 중앙부에 있는 내륙국. 중국과 미얀마 그리고 태국에 둘러싸여 있음.

33) 구르는 돌처럼 사는 것 : 미국의 가수 밥 딜런의 노래. 기분이 어때? (How does it feel?)라고 계속 반복하여 물어봄으로써 일상에 지친 자신을 돌아보게 하는 노래.

"좋아요. 밥 딜런[34]."

"미안해. 아는 노래가 이것밖에 없어서."

"선생님은 원래 그렇게 툭하면 울어요?"

"너도 얼굴 또 빨개졌어."

"저 좀 그만 쳐다보세요, 선생님."

"있잖아, 또 뭐가 와서 너를 때리면 아, 내가 한 골 막았구나 하면서 기뻐할 수 있을 거야. 언젠가는 말이야."

"어떤 골키퍼가 최곤지 아세요?"

"그거, 퀴즈니?"

"움직이지 않고 골을 막는 골키퍼가 최고에요. 그만큼 위치 선정을 잘했다는 거니까요."

"어, 거기에도 철학이 있구나."

"내 걱정 너무 하지 마세요, 선생님. 저, 핸드볼 때문에 그러는 거 아니에요."

"……만약에 말야, 그 두려움이 사라진다면 가장 하고 싶은 일이 뭐니?"

"선생님은요?"

"뭐, 국수 같은 거 한 그릇 먹으러 갈까? 젓가락질 다시 가르쳐줄게."

"저기, 있잖아요 선생님."

"응?"

"시간이 걸리더라도, 좀 기다려줄 수 있어요?"

"……?"

그리고 J는 죽은 아버지에 대해 이야기했다.

토마스에게 답장이 왔다. 나는 지금 내가 가진 것들 중에서 가장 소중한 것을 떠올려보았다. 한스를 팔기로 했다. 조류원을 나오는데 갑자기 '밥 먹어! 밥 먹어!' 한스가 꽥 소리쳤다. 그것은 한스가 내게 들려준 첫 번째 언어였다. 한스의 말투는 어떤 문장이든 단숨에 말해버리고 마는 조카와 닮아 있었다. 한스가 없어진 걸 알면 그 애는 뭐라고 할까. 친구가 날아가버렸다고 할까? 한스를 팔고 생긴 돈으로 나는 풍선을 샀다.

7

나는 이것을 하거나 저것을 할 수도 있었고 이 사람과 살거나 저 사람과 살 수도

34) 밥 딜런(Bob Dylan, 1941. 5. 24-) : 미국의 대중음악 가수·작사가·작곡가. 포크송운동에 뛰어들어 인권운동에서 그의 노래가 널리 불리면서 이 운동의 상징적 존재가 됨.

있었다. 그러나 나는 니체를 공부하는 삶을 택했고 지금까지 혼자다. 이것은 전적으로 나의 선택이다. 그 선택에 대해서 잘 설명할 수는 없지만 자, 그럼 이렇게 말하는 건 어떨까. 내가 아는 어떤 사람은 아주 어렸을 적부터 모든 사물들에 대해서 끊임없는 질문을 품고 있었다. 그 모든 질문들은 돌고 돌아 마침내 그를 사로잡는 대상인 금속으로 귀착[35]되었다. 왜 빛이 나는 걸까? 왜 부드러운 걸까? 왜 차가운 걸까? 왜 딱딱한 걸까? 그는 결국 화학자가 되었고, 정교한 이백이십 개의 튜닝팬[36]에 몰두했던 사람은 피아노 조율사가 되었다. 내가 가진 끊임없는 질문은 모두 인간에 관한 것으로 귀착되었다. 사고를 하는 것이 곧 삶의 커다란 문제라고 생각하는 사람들은 결코 니체와의 관계를 끊을 수가 없다. 나는 그를 통해서 나를 사로잡고 있는 문제들을 풀어나가고 싶었다. 처음에 니체는 나에게 하나의 커다란, 다가가면 곧 열릴 문처럼 희망적으로 다가왔다. 수(數)야말로 만물을 지배한다고 믿었던 버트런드 러셀[37]처럼 말이다. 결국 나는 화학자도 조율사도 되지 못한, 빈털터리[38]에다 직장도 없고 드라마를 볼 때는 웃을 때도 아닌 데서 웃는다고 가족에게 등짝이나 얻어맞기 일쑤인 고독한 싱글이 되었지만.

J를 만난 후 수많은 철학자들 중에서 내가 니체를 선택한 그 오래전의 이유를 다시 상기하게[39] 되었다. 그것은 많은 철학자들 중에서 오직 니체만이, 인생의 완성을 추구하는 사람이라면 누구나 생의 모든 어려움을 기꺼이 받아들여야만 한다는 것을 깨달은 철학자였기 때문이다. 나에게는 직면한 여러 가지 어려움이 있었고 더러는 극복한 것도 그러지 못한 것도 있다. 철학의 힘이 아니더라도 이제 나는 나의 불완전성을 인정하고 또 그것과 화해하고 싶다. 정말로 지키고 싶은 게 생겼으니까. 그러자면 화살을 밖으로 향할 것이 아니라 내면으로 돌려야 한다.

J는 다시 치료를 받기 시작했다. 1월 23일, 아버지가 자살한 날을 불과 삼 주 앞두고였다. 자살했을 때 J의 아버지는 이십팔 세였고 그때 겨우 세 살이었던 J는 곧 이십팔 세가 된다. 그를 처음 봤을 때 큰 키와 덩치에도 불구하고 섬약하게 보인다는 생각이 들었던 것은 아버지의 죽음 이후 오직 어머니나 누나들 같은 여성들의 보호 속에서, 오랫동안 남자의 손길을 고통스러울 정도로 그리워하며 성장한 탓일지도 몰랐다. 훌륭한 아버지가 없다면 대부분의 남자들은 그런 아버지를 자신에게서 만들어내야

35) 귀착 : 의논이나 의견 따위가 여러 경로(經路)를 거쳐 어떤 결론에 다다름.

36) 튜닝팬 : 튜닝(tuning)의 정확한 의미는 악기의 음정을 조율하는 것을 뜻한다. 조율하는 연장.

37) 버트란드 러셀(Bertrand Arthur William Russell, 1872. 5. 18 ~ 1970. 2. 2) : 영국의 수학자, 철학자이자 논리학자.

38) 빈털터리 : 재산을 다 없애고 아무 것도 가진 것이 없는 가난뱅이가 된 사람.

39) 상기하다 : 지난 일을 돌이켜 생각해 내다.

한다는 강박에 사로잡히기 쉽다. 아버지의 삶을 긍정하는 태도도 그에겐 없지만 그는 아버지처럼 죽기를 시도한 적이 한 번 있었다고 털어놓았다. 나를 만나기 얼마 전의 일이라고 했다. 죽은 아버지의 나이가 된다는 것, 그것이 지금 그에게는 가장 큰 두려움의 원인이라는 걸 짐작하게 되었다. 병은 시간과 함께 진행된다는, 병에 대한 히포크라테스[40]의 견해는 일리가 있는 것 같다. 모든 병에는 발단이라는 게 있고 그것은 점차 심각해져서 위기라든가 절정 같은 것을 맞게 된다. 마치 소설처럼 말이다. 그 다음에는 다행스러운 결말 혹은 치명적인 결말에 이른다고 그는 말했다. 이렇게 해서 히포크라테스는 '병력'이라는 개념을 의학에 도입하게 된 것이다. J가 두려워하는 것은 곧 죽은 아버지의 나이가 된다는 게 아니라 어쩌면 그 병력이 아닐까.

J와 함께 지하철을 타는 것도 극장에 가는 것도 그리고 엘리베이터를 타는 것도 쉽지는 않았고 그럴 때마다 그는 슬쩍슬쩍 내 눈치를 살폈다. 그가 기분이 좋아 보이는 날이면 나는 토마스가 내게 들려준 쇼스타코비치[41]의 비밀 같은 것을 이야기해 주고는 했다. 뛰어난 음악가인 쇼스타코비치의 왼쪽 뇌 끝부분에는 탄환 부스러기로 보이는 금속 파편이 박혀 있었다. 그러나 통증에도 불구하고 쇼스타코비치는 그것을 제거하는 것을 몹시 꺼려했다. 파편이 거기 있기 때문에 왼쪽으로 머리를 기울일 때면 그때마다 새로운 선율이 머릿속에 가득 차올랐고, 그는 그것을 오선지에 옮겨 수많은 명곡들을 작곡하곤 했던 것이다. 뢴트겐[42] 검사 결과 실제로 쇼스타코비치가 머리를 움직이면 동시에 파편이 따라 움직여서 측두엽에 있는 음악 영역을 압박한다는 사실이 밝혀지기도 했다. 다행인지 아닌지 모르겠지만 그는 이런 이야기들을 재미있어하지도 않았고 또 쇼스타코비치가 누구인지도 몰랐다. 두려워하지 마, 라는 말을 어떻게 해야 좋을지 알 수가 없어 나는 줄곧 얼굴을 찌푸리고 다녔다. 그리고 불안이나 두려움 같은 것이 혹시 지금의 나를, 너의 삶을 지탱하고 있는 것은 아닐까하는 말도. 그래서 J, 나는 너가 순조롭게 회복되길 바라지 않는다. 두려움이 다 사라지고 나면 그건 진짜 너의 삶이 아닐 수도 있으니까. 그래도 때로 우리는 건강한 삶을 위해서 무엇이 필요한가에 관해 에피쿠로스[43]처럼 진지하게 생각해볼 필요가 있었다.

그의 치료 과정은 순조로워 보이지도 쉬워 보이지도 않았다. 치료를 위해 그가 해야 하는 번거로운 의무들 중에서 우선 일일기록지라는 것을 작성해야 했다. 예를 들

---

40) 히포크라테스(Hippokratēs, BC 460?~BC 377?) : 그리스의 의학자. '의사의 아버지'.

41) 쇼스타코비치(Dmitrii Dmitrievich Shostakovich, 1906~1975) : 소련의 작곡가.

42) 뢴트겐 검사 : X-레이 검사. 몸 안의 병력을 검사하기 위해 쬐는 광선.

43) 에피쿠로스(Epicurus, 기원전 341년 - 270년) : 그리스의 철학자. 개인적·정신적 쾌락의 추구를 인생의 최대 목표로 하는 사상을 펼쳤다.

어 담당 의사가 그에게 '운전하면서 시내 한 바퀴 돌기'라는 숙제를 내주면 그것을 행하는 시간과, 누구와 함께 했는지, 그리고 그것을 하기 전의 예상 불안점수 같은 것을 기록하는 것이다. 그리고 만일 불안한 상태가 찾아오면 그것에서 벗어날 방법 같은 것 또한 말이다. 첫 과제였던 '운전하면서 시내 한 바퀴 돌기'를 할 때 그는 예고도 없이 우리 집 골목까지 차를 몰고 와 이제 막 잠에서 깨어나 렌즈를 낄 시간도 없어 두꺼운 뿔테[44] 안경을 쓰고 양말도 짝짝이[45]로 신은 나를 옆자리에 태웠다. 오후 한 시였다. 시간이 지나자 그는 가슴이 두근거리고 뒷목이 뻣뻣해지는 증상을 보이며 숨을 거칠게 몰아쉬었다. 제대로 차선을 지키는 것조차 불가능해 보였다. 나는 집게손가락으로 머리카락만 빙빙 돌리고 있었다. 다른 한 손은 주머니 속에 든 풍선을 만지작거리면서. 정체 중인 도산대로를 지날 때쯤 그는 몇 분 후면 무시무시한 레미콘[46] 한 대가 자신의 차를 들이받아 버릴 것 같은 기분이 든다고 털어놓았다. 핸들을 잡고 있는 손이 이미 흥건하게 젖어 있다는 걸 나는 안다. 저기 말야, 만약 공포가 오면 그걸 예상하고 받아들이는 거야. 그리고 그것을 인식하면서, 기다리면서 내버려두는 거야. 그리고 현재 네가 할 수 있는 일에 집중하는 거야. 그 다음엔 공포와 함께하면서 공포를 견뎌낸 성과를 인정하고 그 기회를 네가 불안을 견딜 수 있다는 걸 연습할 기회로 삼는 거야. 그리고 또다시 공포가 올 수 있다는 것을 예상하고 그걸 받아들이는 거야. 나는 내가 알고 있는, 공황을 극복할 수 있는 방법들에 대해서 재빨리 쏟아놓았다. 한때는 내가 공포를 이별로 바꿔 생각했던 그 문장들을. 쓸쓸히 웃으며 나는 농담처럼 덧붙였다. 모든 배움에는 굴곡이 있는 거다, 너, 라고. ……아니다. 다만 나는 화가 난 사람처럼 입을 꾹 다물고 있었는지도 모른다. 위로를 하는 방법을 몰랐으니까. 난처하거나 어려운 일이 생기면 버릇처럼 이럴 때 니체라면 어떻게 할까? 생각하고는 한다. 위로라든가 호의를 베푸는 법이라든가 하는 것들은 역시 젊었을 때부터 배워야 한다. 나는 이런 감각을 훈련할 수 있는 기회가 거의 없었다는 것을 깨달았다. 그를 위로하기 위해서 내가 만들어낼 수 있는 가장 따뜻한 미소를 띠고 그를 바라봤다. 선생님은 원래 그렇게 툭하면 울어요? 라고 그가 핀잔을 주지 않아서 다행이다. 나중에 읽어본 거지만 '만일 불안한 상태가 찾아올 때 그것에서 벗어나는 방법은'이라는 난에 그는 큼직큼직한 글씨로 '친구가 대신 운전한다.'라고 써놓고 있었다.

그날 헤어지기 전에 자동차 안에서 J에게 나는 이런 이야기를 들려주었다. J, 너는 실수할 권리가 있고 도움을 청할 권리가 있고 분노를 느낄 권리가 있고 울 권리가 있

---

44) 뿔테 : 짐승의 뿔로 만든 안경테. 요즘은 플라스틱으로 만든 안경테를 이른다.

45) 짝짝이 : 서로 짝이 아닌 것끼리 합하여 이루어진 한 벌.

46) 레미콘 : 콘크리트 제조 공장에서 아직 굳지 않은 상태로 차에 실어 그 속에서 뒤섞으며 현장으로 배달하는 콘크리트. 또는 그런 시설을 한 차. '회반죽, 양회 반죽' 또는 '회반죽 차, 양회 반죽 차'로 순화.

고 놀랄 권리가 있고 마음이 변할 권리가 있고 다른 사람의 권리를 침해하지 않는 한 J, 너 자신을 즐겁게 할 어떤 일이라도 할 수 있는 권리가 있고 타인을 미워할 권리가 있어. 마지막으로 나는 말했다. 그리고 J, 너는 운전을 할 권리가 있어.

그가 그 대화에 흥미를 보였다는 것이 나로서는 정말 다행한 일이었다. 나는 내가 알고 있는 많은 것들을 때로는 니체에게서가 아니라 토마스에게 배운 것 같기도 하다. 양치식물을 키우고 일요일 오전 열한 시면 카페 루이제에서 브런치[47]를 사먹고 죽은 엄마가 남겨준 모피코트를 입고 다니는 내 친구 토마스. 친구들은 그가 죽은 엄마의 모피코트를 몸에 걸치고 돌아다니는 사실을 이해하지 못했다. 우리가 가까워진 건 나는 그의 외투를, 그리고 토마스는 내가 가진 두려움을 이해했기 때문일 것이다.

어느 날 토마스는 내게 이렇게 말했다. 풍선을 사라. 그것은 나의 친구이자 주치의였던, 훗날 베를린[48]의 샤리테 병원 신경정신과 닥터가 된 토마스가 내게 내린 치료 방법 중 하나였다. 불안이 다가오는 것을 느낄 때마다, 호흡이 거칠어질 때마다 나는 숨을 깊고 빠르게 쉬면서 후, 후, 훕훕훕, 풍선을 불며 호흡을 조절했다. 호흡이 거칠어지기 시작해도 쉽게 공황 발작을 일으키지 않도록 과호흡 상태에 익숙하게 만들기 위한 일종의 호흡 훈련법이었다. 초록과 회색이 섞인 우울한 눈동자로 토마스는 그런 나를 물끄러미 지켜보곤 했다. 그것이 지금껏 내가 본, 나를 바라보는 가장 안타깝고 슬픈 눈이기도 했다. 나는 수천 개의 풍선을 불었다.

8

소한이 되어 추위는 절정을 이루고, 나는 J가 나에게 낸 문제, 즉 불안이 해소되고 나면 무엇을 할 것인지를 생각을 하느라 머리가 아프다. J가 도전해야 하는 과제는 지하철 2호선을 타는 것이고 이것을 해 내면 그는 공포를 극복할 수 있다.

9

하이델베르크[49]를 떠나기 전에 배로 부친 책이 넉 달 만에 도착했다. 두 달이 지나도록 오지 않아 체념하고 있던 참이다. 몸 어딘가 부러져 나간 것 같은 통증이 한동안 따라 다녔다. 신탁[50]처럼 여겨졌던 아홉 박스의 책들이 거실 바닥에 쌓여 있는 것을 보자 차라리 그 책들이 오기를 기다렸던 순간이 더 절실하고 그리웠다는 것을

47) 브런치 : 아침을 겸하여 먹는 점심 식사.

48) 베를린 : 독일의 수도.

49) 하이델베르크 : 독일 남서부 바덴·뷔르템베르크 주 북쪽에 있는 도시. 1386년에 세운 대학이 있는 교육·관광 중심지이며, 원시 인류의 화석으로 유명한 도시.

50) 신탁 : 신이 사람을 매개자로 하여 그의 뜻을 나타내거나 인간의 물음에 대답하는 일.

알게 되었다. 예전에 나를 집어삼킬 듯 가득 찼던 열정과 몰입으로 그 책들을 다시 펼치지 못할 것 같은 나 자신에 대해 겁을 집어먹고 있는지도 몰랐다. 거실 바닥을 거의 다 차지하고 있는 무거운 책들은 나를 종용하고 채근하고 있었다. 그것은 내게 자명한 두 가지 사실을 일깨워 주었다. 벌써 넉 달이라는 시간이 지나가버렸다는 것, 그리고 지금은 내가 하이델베르크가 아니라 여기 있다는 것. 책은 더 많은 것을 말하고 싶어 했다.

집으로 돌아올 때 유리병에 담아 왔던 흙을 마당에 훌훌 뿌렸다. 여행을 너무 자주 떠나면 집에 돌아와서도 방문을 걸어 잠그고 잠을 자게 된다. 이제 나는 더 이상 방문을 걸어 잠그고 자지 않게 되었다. 다용도실은 비좁지만 책을 읽거나 사색을 하는데 큰 어려움은 없다. 오랫동안 내가 살아야 할 곳은 여기인지도 몰랐다.

마지막 강의 시간에 나는 니체가 수를레이바위[51]에서 깨달았던 영원 회귀 사상에 대해서 이야기했다. 그때 니체가 흘렸던 눈물의 의미에 대해서도. 니체가 남긴 잠언들을 소개해 주는 것으로 칠 주간의 강의를 마쳤다. 수강생들과 함께 백화점 식당에서 만두를 먹고 차를 한 잔씩 마셨다. 사람들은 마지막 시간에 오지 않은 J에 대해 잠시 이야기했다. J의 모친과 알고 지낸다는 한 수강생은 J가 지금 라오스에 있다고 했고 또 다른 수강생은 오늘 수업시간 전에 J가 백화점 일층에서 넥타이를 고르고 있는 것을 보았다고도 했다. 우스갯소리를 잘하던 J, 우리 중에서 가장 젊었던 J, 라며 깔깔거리다가 사람들은 곧 화제를 돌렸다. J에게서는 연락이 없었다. 말을 안 해도 알 수 있는 게 있지만 말을 하지 않으면 도저히 알 수 없는 것들이 있다. 지금은 어느 쪽일까? J생각이 날 때마다 무지개 송어[52]를 떠올리곤 했다.

1월 23일은 1월 22일을 맞는 것과는 약간 다른 기분이었지만 시간은 정확하게 흘러갔다. 오후 세 시에는 잘못 걸려온 전화가 한 통 왔었고 오후 다섯 시가 지나자 어둡고 짙은 녹색으로 어둠이 몰려들기 시작했다. 나는 식탁 의자에 앉아서 창문 쪽을 바라보고 있었다. 어둠이 눈에 익자 희끗희끗 눈송이가 날리기 시작하는 것이 보였다. 고양이 울음소리가 들렸고 골목으로 음식 배달을 나온 오토바이들이 지나다녔다. 여느 때와 다름없는 평범한 일요일 저녁이었다. 나는 천천히 일어나서 가쓰오부시[53]로 국물을 만들고 버섯과 대파와 쑥갓과 양파를 찬물에 씻어 물기를 뺐다. 국물이 끓기 시작하자 전골냄비를 식탁 한 가운데로 옮겨 놓았다. 아이들이 잠든 틈에 안방에서

51) 수를레이 바위 : 니체의 바위라고도 불리는 스위스의 한 바위. 이 바위에서 니체가 '사상을 이해한다는 것은 사람을 이해한다는 것이며 따뜻함과 열정을 가지고 보는 것이 비로소 보는 것이다'라는 깨달음을 돌연 얻었다고 전해지는 바위.

52) 무지개송어 : 연어과의 민물고기.

53) 가쓰오부시 : 가다랭이의 살을 저며 김에 찌고 건조시켜 곰팡이가 피게 한 일본 가공식품.

민화투[54]를 치고 있는 아버지 엄마 오빠 올케를 큰 소리로 불렀다. 식탁 앞으로 가족들이 모였다. 오늘 저녁에는 전골이 아니라 수제비가 먹고 싶었다는 둥 전골을 할 거면 고기 좀 넉넉하게 준비하지 그랬냐는 둥 어디 소주같은 건 없냐는 둥 제각각 한마디씩 하면서 가족들이 숟가락을 들기 시작했다. 수저가 식탁 유리 위에 딱딱 부딪히는 소리, 후루룩, 국물을 떠먹는 소리, 유리잔에 물 따르는 소리들이 소란스럽게 이어졌다. ...... 나는 깊은 숨을 쉬었다. 지금 어디선가 J도 저녁밥을 먹고 있을 거라는 확신이 들었다. 그것은 바람이 아니라 믿음 같은 거였다. 더 이상 J를 기다리지 않기로 했다.

2월이 시작되었다. 종로에 있는 학원에 나가서 일주일에 세 번씩 초급 독일어를 가르치게 되었다. 그 일을 소개해준 사람도 역시 차 선배였다. '선배가 하지 왜?' 선배는 지물포 일이 적성에 딱 맞는 것 같다며 고개를 저었다. 지물포 일이 적성에 딱 맞는 사람은 어떤 사람일까. 나는 선배에게 처음으로 밥과 차를 샀다. 그 사이에 조카가 거실에서 넘어지면서 탁자 모서리에 머리를 부딪히는 사고가 있었고 친할머니 제사가 있기도 했다. 제사를 지내던 날 아버지가 제사상 위에 촛불을 켜자 다친 머리에 보호용 흰 그물망을 뒤집어써서 꼭 과일상자 속의 배처럼 보이는 조카가 와, 생일이다! 소릴 지르며 '해피버쓰데이 투유, 해피버쓰데이 투유'하고 손뼉을 치면서 노래를 부르기 시작했다. 아버지는 웃지도 울지도 못하는 얼굴로 '어이구 이놈아!'하면서 이 방 저 방 통통통통 뛰어다니며 노래를 불러대는 조카를 붙잡느라 얼굴이 벌게졌다. 나는 술잔을 돌리고 있는 오빠 등 뒤에 서 있었다. 어렸을 적부터 어쩐지 오빠와는 팔짱을 낀다거나 손을 잡는다거나 하는 신체적인 접촉이 전혀 없었던 것 같다. 젊었을 적에는 서로 다른 사람을 쳐다보느라 그랬고 십 년 만에 돌아와 보니 그러기에는 너무 나이가 든 것 같다. 모르는 척 오빠의 팔짱을 한 번 껴보았다. 오빠는 아버지처럼 늙어가고 있었고 모르긴 몰라도 나는 엄마처럼 나이가 들어가고 있을 것이다. 이렇게 제사를 지내고 1월이 가고 2월이 오는 사이에 말이다. 그러나 가만히 서 있기만 하는데도 3월이 가고 4월이 간다면 그건 좀 서글플 것 같다. 팔꿈치 안쪽이 서서히 따뜻해졌다. 오빠에게는 J에 관해 이야기할 수 있을 지도 모른다는 생각이 들었다. 오빠가 나를 돌아보더니 씩 웃었다. '너 이런다고 내가 방을 비워줄 것 같으냐?' 어림도 없다는 표정이었다.

그날 밤 한스가 나를 깨웠다. 한 가지 소식을 전해주었다.

---

54) 민화투 : 그림을 맞추며 노는 놀이. 민화투(또는 늘화투)는 많이 딴 쪽이 이기는 놀이.

10

니체에게 철학이란 얼음으로 뒤덮인 고산에서 자발적으로 사는 것이었듯 나에게 있어서 삶이란 것 또한 바로 그랬다. 벗어난 두려움도 있고 그렇지 못한 것도 있지만 나는 늘 여기 머물고 싶어했고 그것은 나의 선택이었다. 나는 질문했다. 그러나 그의 정원으로 들어간다는 것은 불가능한 일이라는 것을 이제 나는 안다. 나는 진리도 찾지 못했고 도약도 하지 못했다. 니체의 말처럼 어떤 강물도 자기 자신에 의해서만은 크고 풍부해지지 않을 것이다. 많은 지류를 받아들이며 끊임없이 계속 흘러가는 것, 그것이 강 하나를 만들 것이다. 모든 정신의 위대함이란 질문에 대한 해답을 들려주는 것이 아니라 방향을 제시해주는 사실이라는 것을 깨닫고 있었다. 그렇다면 내 삶의 방향을 제시해준 위대한 예술가는 바로 니체인 셈이다. 견뎌야 하는 삶, 가꾸어야 하는 삶, 돌봐야 하는 삶, 조화를 이루는 삶에 대해 나는 생각하기 시작했다. 니체는 우리 삶에서 일어나는 불행한 일들, 곤경같은 것들은 나쁘고 제거해야 되는 것으로만 생각하지 않았다. 뿌리를 돌보듯 자신의 불행과 어려움을 돌봐야 한다고 말했다. 그것이 정원사의 경험을 통해서 니체가 남긴 철학이었다.

이성의 명령에 귀 기울여라. 니체가 나에게 말했다.

내가 가진 권리들에 대해서 생각했다. 나에게는 아프다고 말할 권리가 있고 책을 읽을 권리가 있고 타인의 권리를 침해하지 않는 한 그에게 의지할 권리가 있고 진실을 말할 권리가 있고 잠을 잘 권리가 있다. 나에게는 토마스의 위로와 충고에 저항할 권리가 있고 더 이상 미안해하지 않아도 될 권리가 있고 J를 생각해도 될 권리가 있다. 나는 더 많은 생각을 하지 않으면 안되었다. 그리고 마침내 내가 J에게 쏘았으나 되돌려 받은 화살 같은 질문에 대해 골똘히 생각하기 시작했다. 두려움이 사라지고 나면,

"책을 한 권 쓰고 싶어."

나는 J에게 말했다.

"그럴 줄 알았어요."

J는 시원시원하게 대답했다.

"뭘?"

"기다리고 있을 줄 알았다구요."

"그동안, 어땠니?"

"백에서부터 거꾸로 삼씩 뺐어요. 구십칠, 구십사, 구십일......, 어려운 일이 생길 때마다 그렇게 했어요. 난 벌써 지하철을 세 번이나 혼자 탔다구요, 선생님."

"백에서부터 삼씩 빼면서?"

"네, 그거 정말 좋은 방법이에요. 선생님도 책 읽다 머리 아프면 그렇게 해 보세

요."

"그것도 좋지만 저, 우리, 풍선 한번 불어볼까?"

"저 사람들처럼 연이나 날린다며 모를까, 에이 창피하게 웬 풍선을요."

"후-흡, 자, 너도 한번 빵빵하게 불어봐, 흡흡흡-후."

"후-흡, 이렇게요?"

"한 남자가 한 여자를 후-흡."

"그거, 후흡, 해피엔딩이에요? 후후-흡."

"사랑 흡흡, 했대."

"풍선 부는 거, 후흡, 되게 오랜만이에요. 후-흡흡,"

"높은 데를 아주 무서워하는 후-흡, 후후후, 남자였는데 사랑에 빠져있는 동안, 후후후후-흡, 아주 훌륭하게 암벽 등산을 후흡, 했다는 거야."

"누가요? 흡흡."

"후후흡, 내 친구가, 흡."

노란 풍선과 파란 풍선이 하늘로 날아오르는 것을 J와 나는 바라보고 서 있었다. 바람이 분다. 암벽 등반에 성공하던 날의 토마스는 온몸이 코코넛브라운[55]색깔로 빛나고 있었다. 내가 하이델베르크를 떠나기 전에 그는 나에게 이렇게 충고했다. 너의 장점은 외부 세계의 영향을 받지 않는다는 데 있다. 학문을 하겠다면 그것은 아주 큰 장점으로 작용할 거야. 그런데 너는 바로 그것 때문에 고립적으로 살아갈 운명에 놓이게 될 거야. 영원히.

내가 살았던 작은 마을과 학교가 오랫동안 내 세계의 전부였다. 그 너머 멀리 떨어진 세계는 두려운 미지의 세계였다. 지금 나는 한 쪽 발을 잡아매고 있던 매듭이 스르르 풀리듯, 저 노란 풍선과 파란 풍선처럼 내 영혼이 한 뼘쯤 위로 쑥 들리는 것을 느낀다. 너는 아니, 토마스? 매듭에는 신비한 두 가지 힘이 있어. 그 힘은 어떤 사람에게는 영원히 흉한 것일 수도 있어. 그러나 어떤 사람에게는 길한 것일 수도 있어. 마치 고대인의 결승문자[56]처럼 말이야. 내가 이렇게 말한다면 토마스는 이해할 수 있을까. 토마스가 좋아하는 비트겐슈타인[57]은 인간에게 희망의 몸짓은 없다고 말했다. 화난 사람처럼 행동하는 것은 쉽다. 기쁜 사람처럼 행동하는 것도 쉽고 슬픔에 빠진 사람처럼 행동하는 것도 쉽다. 그런데 희망? 이것은 어렵다고 그는 단언했다.

55) 코코넛 브라운 색깔 : 초콜릿 색에 가까운 연한 갈색.

56) 결승문자 : 숫자나 역사적 사건 등을 새끼나 가죽끈을 매어 그 매듭의 수효나 간격에 따라서 나타낸 일종의 문자. 글자가 없었던 미개사회에서 역일(曆日)이나 인원수 및 물건의 수량 등을 기록하는 수단.

57) 비트겐슈타인(Ludwig Josef Johann Wittgenstein, 1889. 4. 26~1951. 4. 29) : 오스트리아 출생의 영국 철학자. 일상언어(日常言語) 분석에서 철학의 의의를 발견하게 되었다.

만약 토마스가 풍선을 불어 날리고 있는 지금의 J를 봤다면 그걸 뭐라고 표현했을까. 그리고 또 그 옆에 서 있는 나를 보았더라면.

"선생님 또 울어요?"

울퉁불퉁한 손으로 J가 내 뺨을 쓸었다.

"그렇게 건들거리지[58] 말고 똑바로 한 번 서봐."

두 손으로 J의 팔뚝을 붙잡고 마주 섰다. J가 약간 긴장하는 것 같다. 수를레이 바위에서 니체가 울었을 때 그것은 단지 발견의 기쁨이 아니라 그 이론의 실존적인 작용에 대한 확신의 울음이었다. 확신의 탄성이었다. 만약 내가 고립적으로 살아갈 운명이라면 바로 그것 때문에 나에게는 독자성이 있을 것이다. 그런 것은 내부에서만 만들어지는 것일 테니까. 풍선은 자꾸자꾸 먼 하늘로 날아가고 있었다. 두려움을 극복하는 길은 뒤돌아보는 것이 아니라 앞으로 나아가는 거다 J. 그것은 변화를 뜻하는 것일지도 몰라. 스스로 깨닫지 못했던 삶의 특별한 의지가 있다면 그건 아마 풍선처럼 둥글고 부풀어 있을 것 같다. 내 이마가 그의 턱에 닿도록, 나는 살짝 발뒤꿈치를 들어 올린다.

58) 건들거리다 : 사람이 싱겁고 멋없게 행동하다.

• 글쓴이 소개

조경란(1969~)

소설가. 서울 출생. 1996년 동아일보 신춘문예에 단편 『불란서 안경원』를 통해 등단했다. 2007년 장편소설 『혀』를 발간했고, 2008년 『풍선을 샀어』로 동인문학상을 수상했다. 주요 작품으로 『가족의 기원』, 『식빵 굽는 시간』이 있다.

어휘 연습

1. 서로 반대되는 것을 연결하십시오.

1) 들이마시다 •	• 소란스럽다
2) 펴다 •	• 뿌리치다
3) 움켜잡다 •	• 내쉬다
4) 고요하다 •	• 오므리다
5) 잡아매다 •	• 풀리다

2. 다음 단어를 넣어 문장을 완성하십시오.

골똘히	일찌감치	기껏	하릴없이	물끄러미

1) ㄱ. 그 사람은 무슨 생각을 그리 ....하는지 불러도 대답을 하지 않았다.

ㄴ. 어머니는 항상 생각을 .... 한 다음 결정을 하시는 편이었다.

2) ㄱ. .... 네가 좋아하는 음식을 준비했는데 먹지 않겠다는 것이냐?

ㄴ. .... 세차를 해 놓았더니 비가 와서 소용이 없게 되었다.

3) ㄱ. ....집을 나섰는데도 교통체증 때문에 늦고 말았다.

ㄴ. .... 결혼해서 네 가정을 꾸리는 게 어떠냐?

4) ㄱ. 나는 요즘 특별한 일도 없으면서 .... 온 동네를 헤매고 다닌다.

ㄴ. .... 신촌거리를 배회하는 젊은이들이 많다.

5) ㄱ. 그 사람은 내 얼굴을 한참동안 .... 바라보기만 했다.

ㄴ. 내 맞은 편 승객은 창밖의 풍경만 .... 쳐다보았다.

3. 다음 문제를 보고 답을 쓰십시오.

1) 다음을 서로 연결하여 문장을 만드십시오.

눈가를	찰싹	때리다	→	눈가를 쓱쓱 문지르다
등을	빙빙	문지르다		
고개를	절레절레	돌리다		
머리카락을	쓱쓱	흔들다		

❶ 눈이 간지러운지 ....었/았/였다.

❷ 화가 나서 등을 소리나게 ....어/아/여 주었다.

❸ 그런 뜻이 아니라고 고개를 ....었/았/였다.

❹ 나는 긴장하면 머리카락을 ....는/은/ㄴ 버릇이 있다.

2) 다음의 의성어, 의태어를 넣어서 문장을 완성하십시오.

꾸벅꾸벅	멀뚱멀뚱	꼬불꼬불	우적우적	흥얼흥얼

❶ 시골길이 너무 .... 해서 멀미가 났다.

❷ 퇴근길 지하철 안에서는 .... 조는 사람이 많다.

❸ 한 등산객은 바위에 걸터앉아 오이를 .... 씹어 먹고 있었다.

❹ 그는 내 말을 이해 못하겠다는 듯이 .... 쳐다 보고만 있었다.

❺ 엄마가 기분이 좋으신지 흘러간 유행가를 .... 거리셨다.

내용 이해

1. 이 소설에서 풍선이 의미하는 바는 무엇입니까? (   )

❶ 주인공이 남자친구에게 처음으로 선물한 물건
❷ 주인공의 어머니가 주인공에게 준 물건
❸ 주인공의 어릴 적 추억이 많이 들어 있는 물건
❹ 주인공의 정신적 고통과 불안을 치료해 준 물건

2. 주인공에게 일어난 일을 순서대로 정리한 것입니다. 빈칸에 단어를 쓰십시오.

1) 나는 독일 유학을 마치고 귀국을 하여 오빠가족과 함께 부모님 집에서 살게 된다.
2) 나는 (   )을/를 한 마리 사서 한스라고 이름을 붙인다.
3) 나는 직장도 없고 친구도 없어 집에서 조카와 앵무새 한스와 놀며 지낸다.
4) 나는 선배의 소개로 백화점 문화센터에서 철학 수업을 하는데 그 곳에서 J를 만나게 된다.
5) 나는 J와 같이 영화를 보러갔다가 J가 (   )때문에 고통을 겪는 것을 본다.
6) J는 자신의 공포에 대해서 고백을 하고 나는 불안과 공포의 차이점에 대해 말해 준다.
7) 나는 앵무새 한스를 팔고 (   )을/를 산다.
8) J가 도전해야 하는 과제는 지하철 2호선을 타는 것이다.
9) 나는 종로의 학원에서 초급 (   )을/를 가르치게 된다.
10) 나는 J와 함께 (   )을/를 불어 날린다.

3. 다음을 읽고 맞으면 O표, 틀리면 X표 하십시오.

1) J가 백화점 문화센터에 나타난 것은 어머니 때문이었다. (   )
2) 조카는 할머니 제삿날을 할머니의 생일날로 착각했다. (   )
3) J는 전직 국가대표 핸드볼 선수였지만 지금은 코치로 일한다. (   )
4) 나는 오빠네 가족과 같이 살면서 갈등이 심해 혼자 분가한다. (   )

써 봅시다

다음은 이 소설의 끝부분입니다. 이 소설의 다음을 상상하여 써 봅시다.

> 두려움을 극복하는 길은 뒤돌아보는 것이 아니라 앞으로 나가는 거다 J. 그것은 변화를 뜻하는 것일지도 몰라. 스스로 깨닫지 못했던 삶이 특별한 의지가 있다면 그건 아마 풍선처럼 둥글고 부풀어 있을 것 같다.

나와 J는 ....

부록

모범 답안

어휘 색인

모범 답안

1 과

어휘 연습

1. 1) 급우 : 같은 학급에서 함께 공부하는 친구
   2) 펴낸이 : 책이나 잡지를 발행한 사람
   3) 명예 : 세상에서 훌륭하다고 인정되는 이름이나 자랑
   4) 유래 : 사물이나 일이 생겨남
   5) 보고 : 귀중한 물건을 보관해 두는 창고
2. 1) 성급하게 / 성급하게　2) 야무지게 / 야무져서
   3) 망신을 당했다. / 망신을 당하기
   4) 만만한 / 만만해
   5) 들추어 보는 / 들추어 보았지만
3. 1) 갓 굽다 / 갓 낳다 / 갓 졸업하다
   맨 위, 맨 아래, 맨 앞 / 맨 끝 / 맨 먼저, 맨 나중
   ❶ 갓 구운　❷ 갓 졸업한　❸ 맨 먼저
   2)
   꿀 먹은 벙어리 • • 현 상태로는 무용지물이다
   구슬이 서 말이라도 꿰어야 보배 • • 말을 하지 않는다
   ❶ 구슬이 서 말이라도 꿰어야 보배라고
   ❷ 꿀 먹은 벙어리가
   3) 의기양양하다 : 기운차다, 당당하다, 자신있다
   포복절도하다 : 배꼽 빠지게 웃다, 큰 소리를 내다, 깔깔대다

내용 이해

1. ❹
2. 처음 • 중학교 1학년 때
   산촌에서 자라 시내 중학교에 입학했을 때 키가 작았다.
   그러나 꿈만은 야무져서 어떤 식으로든 내 자신을 알리고 싶었다.
   중간 • 국어 시간에
   선생님이 문교부 장관이 누구인지 아는 사람이 있냐고 물으셨다.
   나는 우리 나라 문교부 장관의 이름이 검정필이라고 대답했다.
   선생님께서 웃으시며 그 책이 문교부의 검정을 받았다는 뜻이라고 이야기하셨다.
   나는 문교부 장관 검정필이라는 별명을 얻었다.
   그 후로 국어사전을 찾아보는 습관이 생겼다.
   끝 나는 사전을 자주 이용한다.
   사전을 찾는 일은 미지의 세계로 여행을 떠나는 것만큼 가슴 설레고 즐거운 일이다.
   사전이 있어도 사전을 찾아보지 않으면 사전 속의 지식은 남의 머릿 속에 든 지식일 뿐이다.
   책을 읽으며 사전을 찾아보는 일은 습관이 중요하다.
3. 1) ×　2) ○　3) ×

더 읽어보기

1. 짧은 시간에 많은 책을 읽을 수는 있으나 그 의미를 되새길 시간이 없을 것이다.
2. 책꽂이에 꽂힌 책들을 다시 읽는다.

2 과

어휘 연습

1. 1) 따져보다 : 자세히 헤아려 보다
   2) 들어맞다 : 미리 생각했던 그대로 되다
   3) 반박하다 : 다른 사람의 의견에 대하여 맞서 공격하다
   4) 증명하다 : 증거를 들어서 어떤 사건이나 내용이 참인지 거짓인지, 옳은지 그른지를 판단하다
   5) 가정하다 : 논리를 펴기 위하여 어떤 조건을 사실인 것처럼 받아들이다
2. 1) 하필이면　2) 어김없이　3) 오죽하면
   4) 또렷하게　5) 곰곰이
3. 1) 잔글씨, 잔기침, 잔주름, 잔소리

❶ 잔글씨 ❷ 잔기침 ❸ 잔소리

2) 화, 잡담

3)

변덕이 죽 끓듯하다	남의 괴로움이나 남에게 꼭 필요한 것을 잘 알아서 시원스럽게 만족시켜 주다
가려운 곳을 긁어주다	말이나 행동을 몹시 이랬다저랬다 하다

❶ 가려운 곳을 긁어 주어서

❷ 변덕이 죽 끓 듯한

내용 이해

1. ❹

2. 처음 • '머피의 법칙'이란 잘될 수도 있고 잘못될 수도 있는 일은 반드시 잘못된다는 것이다.

중간 • '머피의 법칙'은 '선택적 기억'에 의한 착각이다.

• '머피의 법칙' 을 과학적으로 증명한 예

1) '버터 바른 토스트' 던지기

영국 TV 과학프로그램 실험 결과

버터를 바른 쪽이 바닥으로 떨어지는 경우와 버터를 바른쪽이 위를 향하는 경우는 확률적으로 별 차이가 없다.

로버트 매튜스의 증명

보통의 식탁 높이나 사람의 손 높이에서 떨어뜨릴 경우 버터 바른 면이 반드시 바닥을 향해 떨어진다.

2) 슈퍼마켓 계산대에서의 줄서기

확률상 다른 줄이 줄어들 확률이 높다.

끝 • '머피의 법칙'은 재수의 문제가 아니다. 우리가 그 동안 세상에 얼마나 많은 것을 무리하게 요구했는가를 지적하는 법칙이다.

3. 1) × 2) ○ 3) ×

더 읽어보기

1. 지능 지수가 높은 사람이 아니라 창조성이 뛰어난 사람

2. 천재의 뇌 속에서 둔재의 머리 안에 없는 특별한 조직이 발견되지 않았을 뿐더러 천재나 보통 사람 모두 문제 해결 방식이 동일한 과정을 밟는 것으로 밝혀졌기 때문이다. 그리고 천재들의 창조적인 사고방식을 본뜰 수 있다는 사례도 확인됐기 때문이다.

3과

어휘 연습

1. 1) 인도하다 : 가르쳐 일깨우며 이끌다
   2) 풍족하다 : 매우 넉넉하여 모자람이 없다
   3) 합리적이다 : 이치에 맞다
   4) 주체적이다 : 자신만의 소신과 판단이 있다
   5) 숭배하다 : 높이 우러러 공경하고 받들다

2. 1) 긴박하게 / 긴박한 2) 야기했다. / 야기할
   3) 신통해 / 신통한 4) 다그치면 / 다그쳤다.
   5) 부추기는 / 부추겼다.

3. 1) 압박감, 편재성, 문화계
   열등감, 합리성, 정치계
   책임감, 중독성, 경제계

   2)

남녀노소	남자와 여자, 나이 많은 사람과 젊은 사람, 모든 사람들
빈부귀천	가난함과 부유함, 귀함과 천함
동서고금	동양과 서양, 옛날과 지금
이해득실	이로움과 해로움, 얻음과 잃음

❶ 동서고금 ❷ 이해득실

❸ 남녀노소 ❹ 빈부귀천

모범 답안

내용 이해

1. ❷

2. 서론 • 지름신이란
   소비의 신으로 상품을 사도록 역사하는 신이다.

   본론 • 지름신의 특성
   1) 술이나 담배처럼 강한 중독성이 있다.
   2) 정보기술의 발달로 편재하는 특성을 갖게 됐다.
   • 홈쇼핑과 인터넷 쇼핑몰은 사람들의 소비욕망을 부추기고 있다.
   • 쇼핑이 야기하는 정서적 반응
   1) 안락감과 행복을 느끼게 된다.
   2) 불쾌감을 느끼게 된다.
   • 기업 역시 이미지를 위한 소비, 소비를 위한 소비를 부추긴다.

   결론 • 소비사회의 두 가지 노예
   1) 중독의 포로
   2) 선망의 포로
   • 소비사회의 노예가 되지 않기 위한 노력을 포기해선 안된다.

3. 1) ○ 2) ○ 3) ×

더 읽어보기

1. 아이를 늦게 데려가는 부모들이 오히려 늘어났다.
2. 체면, 자존심, 죄책감

4 과

어휘 연습

1. 1) 천문학 : 우주에 관한 온갖 사항을 연구하는 학문
   2) 측량술 : 사물의 높이, 넓이, 길이 등을 기구를 써서 재는 기술
   3) 상형문자 : 사물의 모양을 본떠서 만든 글자
   4) 고고학자 : 유물과 유적을 가지고 옛사람들의 생활을 연구하는 사람
   5) 발상지 : 역사적으로 큰 뜻이 있는 일이 처음으로 생겨난 곳

2. 1) 고립된 / 고립되지 2) 소요된다. / 소요되는
   3) 염원하고 / 염원하면서 4) 번성했다. / 번성했다가
   5) 숙연한 / 숙연해졌다.

3. 1)
   명동거리 — 북적거리다
   눈 — 따끔거리다
   가슴 — 두근거리다
   머리카락 — 곱슬거리다

   ❷ 눈에 뭐가 들어갔는지 자꾸 따끔거린다.
   ❸ 시상식에서 결과 발표를 기다리는데 가슴이 얼마나 두근거렸는지 모른다.
   ❹ 나는 머리카락이 너무 곱슬거려서 머리 손질하기가 어렵다.

   2) ❹

   3)
   열정을 불태우다 — 열렬한 애정을 가지고 열중하다
   할 말을 잃다 — 감탄하거나 어이가 없어 무슨 말을 해야 할지 모르다
   피부로 느껴지다 — 실감이 나다

   ❶ 피부로 느껴진다.
   ❷ 열정을 불태우고 있다.
   ❸ 할 말을 잃었다.

내용 이해

1. ❹

2. 처음 • 고대 이집트 문명
   피라미드와 스핑크스로 대표됨.
   태양력, 측량술, 천문학을 창안함.
   파피루스에 상형문자를 만들어 씀

   중간 • 겨울 이른 새벽에 도착한 카이로
   카이로는 고대 문명의 요람이며
   '문화'라는 인류 최고의 산물을 일구어

낸 실험장이었음.

- 기자의 스핑크스와 피라미드

  스핑크스 – 고대 이집트인들의 신앙 작품

  피라미드 – 고대 이집트의 절대 군주 파라오의 무덤

  4500년 전에 축조됨.

  축조하는 데에 20만 명의 인부가 동원되어 20년이 소요됨.

끝 • 오늘날의 카이로

  전통적인 아랍 분위기가 지배적임.

  이집트 문명의 요람이며 과거와 현재를 잇는 역사의 다리임.

3. 1) ○ 2) × 3) × 4) ×

더 읽어보기

1. 온달 장군과 평강 공주의 이야기는 다른 어떠한 실증적 사실보다도 당시의 정서를 더 정확하게 담아내고 있으며 평강 공주의 결단과 주체적 삶에는 민중의 소망과 언어가 담겨 있다고 생각하기 때문이다.
2. 우직한 어리석음

5 과

어휘 연습

1. 1) 접근하다 : 어떤 것에 가까이 다가가다
   2) 간섭하다 : 남의 일에 이래라 저래라 말하다
   3) 끈끈하다 : 서로 느끼는 정이나 사랑이 아주 강하다
   4) 개입하다 : 자기와 직접적인 관계가 없는 일에 끼어들다
   5) 감시하다 : 통제하기 위해서 주의하여 지켜 보다
2. 1) 얼떨결에 2) 굳이 3) 되도록
   4) 바짝 5) 노골적으로

3. 1)

발을 빼다 •	• 힘을 모아 함께 일을 하다
머리를 맞대다 •	• 뜻을 같이 하던 사람과 관계를 끊다
손을 잡다 •	• 어떤 일을 더 이상 하지 않다
등을 돌리다 •	• 여럿이 함께 의논하다

❶ 머리를 맞대고 ❷ 발을 빼면

❸ 등을 돌리는 ❹ 손을 잡고

2) 모임, 결과

내용 이해

1. ❸
2. 처음 • 사람과 사람 사이의 거리는 문화마다 다르다.

   중간 • 문화의 차이가 거리의 차이로 표현되는 예

   1) 손을 잡고 다니는 한국 여성
   2) 낯선 아이가 귀엽다고 다가서는 한국 여행객
   3) 아파트의 이웃이 소음을 낼 때

      한국인 : 참아주거나 직접 찾아가서 조용히 해 달라고 한다.

      독일인 : 경찰을 부른다.
   4) 낯선 아이에게 뽀뽀하고 지나가는 튀니지 여인
   5) 아이를 춥게 한다고 글쓴이를 야단 치는 한국 할머니

   끝 • 벤다이어그램 교집합의 의미

   나의 결정에 주위 사람들이 개입할 수 있는 권리

   내 삶에 주위 사람들이 왈가왈부할 자격

   내가 하는 행동을 주위 사람의 눈이 감시할 권한

3. 1) ○ 2) ○ 3) × 4) ×

더 읽어보기

1. 연줄과 인연
2. 식당에서 음식을 한가운데 놓고 같이 덜어 먹는다.
   식당에서 각자 먹은 만큼 나누어 내기보다는 어느 한두 사람이 계산을 다한다.
   여럿이 어울려 노는 경우 두세 명씩 짝을 지어 대화를 하기보다는 전체가 둘러앉아 노래하며 즐긴다.

6 과

어휘 연습

1. 1) 가로채다 : 남이 말하는 중간에 끼어들어 말을 계속하지 못하게 하다
   2) 주도하다 : 어떤 일을 주장하는 사람이 되어 이끌거나 지도하다
   3) 맞장구치다 : 남의 말에 의견을 같이 하여 부추기거나 찬성하는 말을 하다
   4) 장단을 맞추다 : 상대방의 행동이나 생각에 맞추어 행동이나 말을 하다
   5) 덧붙이다 : 앞서 한 말에 몇 마디의 말을 더 보태다
2. 1) 추구한다. / 추구하는
   2) 뒷바라지하느라 / 뒷바라지해 주신
   3) 모호한 / 모호해서
   4) 현저하게
   5) 발뺌을 하려고 / 발뺌을 했다.
3. 1) 맞선보다, 맞벌이하다, 맞고소하다 / 덧칠하다, 덧셈, 덧니
   ❶ 맞벌이하는 ❷ 덧칠하면 ❸ 덧셈
   2) ❶ 저런, 어쩌다 그랬대요? 많이 불편하겠어요.
   ❷ 어머나! 정말이에요?
   ❸ 그러게 말야. 그래야 월급도 좀 오를 텐데...
   3) ❶ 흥 ❷ 어쩜 ❸ 아이참

내용 이해

1. ❷
2. 〈남녀간의 대화〉
   1. **주제**
      남자 – 사업, 정치, 법률, 세금, 스포츠에 관한 것
      여자 – 사회생활, 책, 음식, 생활상 등에 관한 것
   2. **말을 가로채는 횟수**
      남자가 여자의 말을 가로챈 횟수가 여자가 남자의 말을 가로챈 횟수보다 훨씬 많음.
   3. **말과 말 사이의 공백 시간**
      앞사람이 여자이고 뒷사람이 남자일 경우 그 시간이 더 길.
   4. **질문을 하는 횟수**
      여자가 263회, 남자가 107회로 여자가 남자보다 질문을 두 배 이상 많이 함.
   5. **한 화제가 끝까지 지속되는 건수**
      여자가 꺼낸 화제는 45건 중 17건만 지속되었으나 남자가 꺼낸 화제 28건은 모두 끝까지 지속됨.
3. 1) ○ 2) ○ 3) ×

더 읽어보기

1. 그 질문을 들은 사람이 미처 생각지 못한 것을 생각해내고 혼자서 해답을 찾아낼 수 있도록 물꼬를 터 주는 상쾌하면서도 통쾌한 질문이다.
2. 좋은 질문과 응답은 열 마디의 주옥같은 설교와 설득보다 강한 힘을 갖는다. 나아가 소통의 믿음을 증진시키고 상대의 믿음을 증진하고 상대방에 대한 진심어린 관심을 표명하며 같은 울타리 안에 있음을 확인할 좋은 길이 된다.

7 과

어휘 연습

1. 1) 평가하다 : 사물의 가치나 수준 따위를 헤아리다.
   2) 칭송하다 : 잘했다고 말하다.

3) 폄하하다 : 가치를 깎아내려 대수롭지 않게 여기다.
4) 인정하다 : 확실히 그렇다고 여기다.
5) 비난하다 : 남의 잘못이나 결점을 잡아서 나쁘게 말하다.

2. 1) 좀체 2) 멀찌감치 3) 시종
4) 전적으로 5) 아예

3. 1)

이야기꽃을 피우다	이야기판이 재미나고 이야기가 즐겁다.
마음이 내키다	하고 싶은 마음이 생기다.
입이 간질간질하다	어떤 말을 하고 싶어 참기가 어렵다.

❶ 입이 간질간질하다.
❷ 내키기 않으면
❸ 이야기꽃을 피웠다.

3)

백가쟁명	많은 학자나 문화인 등이 자기의 학설이나 주장을 자유롭게 발표하여, 논쟁하고 토론하는 일.
천차만별	여러 가지 사물이 모두 차이가 있고 구별이 있음.

❶ 천차만별이어서
❷ 백가쟁명이라고

내용 이해

1. ❶

2.

인간 본성과 인간 행동

도정일 오늘날 생물학의 발견을 생각하지 않는 인문학적 인간론이란 불가능하다.
입양의 경우에도 생물학적 근거와 문화적 근거가 따로 있다.

최재천 나쁜 말로 하면 입양은 전시효과가 엄청난 행동이다.

도정일 입양은 사회적 인정의 효과다.

최재천 그렇다.

도정일 입양은 '튀는' 행동일 때도 있지만, 문화적 순응일 때도 있다.

최재천 사회생물학에서 큰 주류는, 다윈이론으로부터 출발한다.
〈트리버즈의 상호호혜이론〉에 의하면, 사람들이 남을 돕는 이유는 좋은 평판을 기대하기 때문이다.

도정일 이타적 행동도 이기적 계산에 의한 것이다.
사회적 보상 때문에 인간이 이타적 방향으로 행동을 바꾸는 성향이 자연적인가?

최재천 그건 아니다.

도정일 유전자의 이기성으로 설명이 되나?

최재천 유전자는 계속 이기적이지만,
유전자 중에서, 평판을 걱정할 줄 아는 유전자, 또는 남을 도우면서 살겠다는 유전자을/를 가진 사람들이 많아지도록 사회적 분위기를 조성해야 한다.

3. 1) ○ 2) ○ 3) ×

이야기해 봅시다

모성, 기부, 봉사, 헌혈, 때 밀어주기, 자리 양보하기 등.

더 읽어보기

1. 앓던 병 때문에

2. 법정 : 행복은 먼 곳에 있는 게 아니다. 일상적이고 지극히 사소한 일에 행복의 씨앗이 들어 있다.
최인호 : 행복은 마음속에 있다. 작고 단순한 것에 행복이 있다.

모범 답안

8 과

어휘 연습

1. 1) 순수하다 : 나쁜 것이 섞이지 않아 깨끗하다
   2) 고귀하다 : 훌륭하고 귀중하다
   3) 유순하다 : 태도나 성격이 부드럽고 순하다
   4) 설치다 : 몹시 날뛰고 마구 덤비다
   5) 뽐내다 : 자기 것을 남에게 보이며 자랑하다
2. 1) 파헤쳐 / 파헤치기가　　2) 더듬어
   3) 뒤지기 / 뒤지지　　4) 무르익어
   5) 수긍하기가 / 수긍한다는
3. 1) ❶ 뼈가 빠지게　　❷ 뼈가 굵어서
   ❸ 뼈를 묻으리라　　❹ 뼈가 있는
   2)
   일동일정 •　　• 묻고 대답하는 일을 몇 번 거듭하는 것
   일장일단 •　　• 하나하나의 모든 행동
   일문일답 •　　• 한 가지 좋은 점과 한 가지 나쁜 점
   ❶ 일장일단　❷ 일동일정　❸ 일문일답

내용이해

1. ❸
2. 1) 윤동주의 학창시절　(가, 다)
   2) 윤동주의 성격과 외모　(마, 바, 나)
   3) 윤동주의 저항정신　(자)
   4) 시인 윤동주　(라, 아)
   5) 신앙인 윤동주　(차)
   6) 윤동주의 삶　(사)
3. 1) ○　2) ○　3) ×　4) ○

더 읽어보기

1. 첫째, 창의적 태도
   둘째, 세계를 향해 마음을 열고 '세계 속의 한국' 구현
   셋째, 국제 사회에 대한 기여 증대
   넷째, 외교 역량 강화
2. 유엔 개혁 추진, 지역분쟁 해소, 테러와 비전통적 위협들에 대처, 북한 핵문제 해결과 한반도 평화유지, 빈곤퇴치, 양극화 방지, 민주주의와 인권을 전 세계에 보편적으로 확립, 회원국간의 화합

9 과

〈국화 옆에서〉

내용이해

1. 지문에 제시한 모두가 답이 됩니다.
2.
   1연) 봄 '소쩍새'가 울다
   2연) 여름 천둥 치다 → 3연) 가을 국화 꽃이 피다.
   4연) 지난 밤 무서리 내리다.　↓
   거울 앞에 선 누님같은 꽃
3. ❶
4. 불안, 초조, 혼란스러웠던 젊은 날의 시련

이야기해 봅시다

세대		꽃
한 살-10살	유년기	개나리
10대	소년기	해바라기
20대	청년기	장미꽃
30대	장년기	백합
40-50대	중년기	'국화꽃'
60-70대	노년기	안개꽃

〈귀천〉

내용이해

1. 죽음
2. 소풍가는 것처럼 즐겁고 설레는 경험
3. 새벽빛, 노을빛
4. 예문이 모두 답이 됩니다.
   ❶ "잠깐 끝나버리는 인생을 깨닫게 해주므로 우울해져요."
   ❷ "아름다운 그림을 볼 때처럼 맑고 투명한 공기를 들이마시는 기분이 돼요."

이야기해 봅시다

(예) 인생은 여행이다. 여행처럼 예상 못한 여러 경험을 할 수 있고 또 언젠가는 끝이 나기 때문이다.

〈즐거운 편지〉

내용이해

1. 내가 그대에게,
   누군가를 사랑하고 있는 사람이 사랑을 하는 대상에게
2. 날마다 반복되어 별로 특별할 것이 없는 일을 의미한다.
   (밥 먹는 일, 날마다 잠에서 깨어나는 일, 바람이 부는 일, 비가 오는 일)
3. 사랑을 하면서 힘들어지는 때
4. 변하지 않고 기다려주는 것.
   특별하지 않게 일상적으로 늘 보살펴주고 곁에 있어주는 것

이야기해 봅시다

생략

〈광화문 연가〉

내용이해

1. 사랑의 추억
2.

이제 모두들 변했지만 아직 변하지 않은 것이 있다.	덕수궁 옆 돌담길의 연인들
언젠가는 우리 모두가 떠나가지만 남아 있는 것이 있다.	언덕 밑 정동 길의 교회당
오월의 꽃향기가 그리워지면 나는 찾아 간다.	눈 내린 광화문 네 거리

3. 아름답고 행복했던 사랑의 시간
4. 겨울, 광화문에서 부르고 있다.

이야기해 봅시다

(예) 친구와 발을 담궈 봤던 청계천. 쇼핑을 했던 명동....

〈거위의 꿈〉

내용이해

1. 불가능해 보이지만 꼭 이루고 싶은 꿈
2. 비웃음, 날 수 있다.
3. 가능성이 없는 꿈 때문에 무모하게 도전하는 것
4. 운명이라는 벽, 헤쳐 나가기 어려운 여러 난관을 의미한다.

이야기해 봅시다

희망의 메시지를 전하는 여러 노래

(예) 황규영〈나는 문제없어〉, 이한철〈슈퍼스타〉, 소녀시대〈소원을 말해 봐〉, 싸이〈챔피언〉 등

10 과

어휘 연습

1. 1) 들이마시다 – 내쉬다 2) 펴다 – 오므리다
   3) 움켜잡다 – 뿌리치다 4) 고요하다 – 소란스럽다
   5) 잡아매다 – 풀리다
2. 1) 골똘히 2) 기껏 3) 일찌감치
   4) 하릴없이 5) 물끄러미
3. 1)

눈가를	찰싹	때리다		눈가를 쓱쓱 문지르다.
등을	빙빙	문지르다		등을 찰싹 때리다.
고개를	절레절레	돌리다	→	고개를 절레 절레 흔들다.
머리카락을	쓱쓱	흔들다		머리카락을 빙빙 돌리다.

❶ 눈이 간지러운지 눈가를 쓱쓱 문질렀다.
❷ 화가 나서 등을 소리나게 찰싹 때려 주었다.
❸ 그런 뜻이 아니라고 고개를 절레절레 흔들었다.
❹ 나는 긴장하면 머리카락을 빙빙 돌리는 버릇이 있다.

2) ❶ 꼬불꼬불 ❷ 꾸벅꾸벅 ❸ 우적우적
❹ 멀뚱멀뚱 ❺ 흥얼흥얼

내용 이해

1. ❹
2. 앵무새, 공황장애, 풍선, 독일어, 풍선
3. 1) ○ 2) ○ 3) × 4) ×

써 봅시다

독일 철학을 전공한 연상의 강사와 공황장애를 극복한 연하의 남자친구가 앞으로 어떻게 될 지를 생각해 보고 쓰게 하는 과제를 내어 준다.

어휘 색인

어휘 색인

출전

과	분류	제목	지은이	출전
01	본문	사전을 찾아가며 읽는 즐거움	이순원	『중학교 2-1 국어』, p. 190
	더 읽어보기	정독의 시간	장영희 외 (2008)	『책, 세상을 탐하다』, 평단문화사 p. 92
02	본문	머피의 법칙	정재승(2003)	『과학 콘서트』, 동아시아 p. 30-37
	더 읽어보기	누구든 천재처럼 될 수 있다	이인식(2002)	『이인식의 과학생각』, 생각의 나무 p. 54-57
03	본문	지름신의 시대	안치용(2008)	『지식을 거닐며 미래를 통찰하다』, 리더스북 p. 254-259
	더 읽어보기	돈보다 더 중요한 것이 있다	이준구(2009)	『36.5℃ 인간의 경제학』, 랜덤하우스 p. 207-209
04	본문	카이로	이희수(2003)	『세계 문화 기행』, 일빛 p. 99-105
	더 읽어보기	어리석은 자의 우직함이 세상을 조금씩 바꿔 갑니다	신영복(1996)	『나무야 나무야』, 돌베개 p. 78-83
05	본문	시선의 차이	진중권(2007)	『호모 코레아니쿠스』, 웅진 지식하우스 p. 164-168
	더 읽어보기	한국인의 관계맺기	국제한국학회 (1999)	『한국문화와 한국인』, 사계절 p.162-164
06	본문	남자의 말, 여자의 말	장소원, 남윤진, 이홍식, 이은경 (2002)	『말의 세상, 세상의 말』, 월인 p. 164-168
	더 읽어보기	관심과 애정이 담긴 질문이 소통을 살린다	하지현(2007)	『소통의 기술』, 미루나무 p. 262-265
07	본문	이기적 유전자를 넘어	도정일, 최재천 (2005)	『대담』, 휴머니스트 p. 532-537
	더 읽어보기	기쁨은 내 안에 있는 것	최인호, 법정 외 (2004)	『대화』, 샘터 p. 68-75
08	본문	동주 형의 추억	문익환(1984)	『尹東柱 잎새에 이는 바람에도 나는 괴로와했다』, 열음사 p. 75-79
	더 읽어보기	가슴은 한국에, 시야는 세계에	반기문(2007)	『바보처럼 천재처럼 꿈꿔라』, 명진출판 p. 258-264
09	본문	국화 옆에서	서정주(1955)	『서정주 시선』, 정음사
	본문	귀천	천상병(1979)	『주막에서』, 창작과 비평사
	본문	즐거운 편지	황동규(1995)	『삼남에 내리는 눈』, 민음사
10	본문	풍선을 샀어	조경란(2008)	『풍선을 샀어』, 문학과 지성사 p. 9-52